アマテラスの変貌

中世神仏交渉史の視座

佐藤弘夫

法蔵館文庫

本書は二〇〇〇年八月法藏館より刊行された。

目次

アマテラスの変貌

——中世神仏交渉史の視座

プロローグ　神仏交渉論への視座

1　雨宝童子の寺

　大和の国の長谷寺は、奈良盆地の東のはずれからさらに山間にはいった、伊勢へと向かう古《いにしえ》の街道沿いにある。古来より多くの人々の信仰を集めた観音の霊験所だった。

　一本の藁を拾ったことをきっかけにして、またたくまに富を得た「わらしべ長者」の主人公が、最初に参籠して祈願をこらしたのはこの寺だった。摂関時代には、東三条院や藤原道長らの皇族・貴族がしばしばここに足を運んだ。参詣者には、清少納言・紫式部をはじめ、『かげろう日記』の作者藤原道綱の母、『更級日記』を著した菅原孝標の女《むすめ》、といった著名な女房たちも名を連ねている。

　私がはじめて長谷寺を訪れたのは、いまから二十年も前のことになる。

門前町の一角にある旅館に宿をとった私は、翌朝、門が開く時刻をまって寺へと向かった。冷え込みの厳しい初冬の朝だった。家の塀越しにみえる色づいた柿の葉には、うっすらと霜が降りていた。

軒を連ねる門前町の狭い通りを抜けて仁王門をくぐった私は、白い息を吐きながら側柱が縞模様の影を落とす石段を踏んで、長い登廊を舞台造りの本堂へと登っていった。密度の濃い空気の中を、かすかな香《こう》のかおりが地を這うように漂っていた。

人気のない森閑とした本堂で、私は本尊の十一面観音像と対面した。穏やかな表情をした巨大な像だった。薄暗い内陣に安置された観音像は、木材から刻みだされた像というよりも、凝縮されたエーテルのような存在感のかたまりとしてそこにあった。その迫力に押されて、私はしばらくのあいだ身じろぎすることもないまま、像の前にたたずんでいた。

私の視線が、本尊の右にある脇侍の上にとまった。雨宝童子とよばれる、少年の表情をした像である。彩色もあざやかなほぼ等身大のこの像は、髪を角髪《みずら》に結んだうえに宝冠を着けた姿をしていた。右手は宝棒を握って地面に突き立て、左手には宝珠を載せてじっと前方を凝視していた。

きりっとした顔だちをしていながらどこか親しみを感じさせるその像は、本尊に威圧されていた私にいくぶんかの安堵の気持をもたらした。息を吐いて肩の力を抜いた私は、視線を周囲に走らせた。

童子像の頭上にかけられた一つの扁額が、私の目に入った。「天照皇太神」という文字がそこにあった。

私は、思わず我が目を疑った。

「天照皇太神」とは天照大神（アマテラスオオミカミ）にほかならない。いうまでもなく、

図1　雨宝童子立像（奈良県　長谷寺蔵）

伊勢の内宮に鎮座する天皇家の祖先神である。日本の神々のなかでも、頂点に位置するとされている神である。

天照大神はたんに高い格式を誇る神であっただけではない。古来より仏教を寄せつけないことでも有名だった。明治維新によって神仏分離が行なわれるまで、日本では神はおおむね仏の垂迹とみなされてきた。仏が日本の衆生を救うために、この列島にふさわしい姿を現わしたのが神だとされてきたのである。

そのため明治維新までは、神社と寺が明確に区別されないまま混在していることは少しも珍しい現象ではなかった。神社のご神体が仏像であったりすることや、神前での読経も何ら奇妙なこととは考えられていなかった。

ところが伊勢は違った。神仏の混淆がもっともエスカレートした中世においてさえ、伊勢では仏法を近づけることがなかったといわれる。神仏分離が一貫して厳密に貫かれていたのである。

その天照大神が、ここ長谷寺では仏の脇侍となっているのである。

もう一つ私が驚いたことがある。私たちはいま神仏についてあるイメージを共有している。仏ならば螺髪・肉髻に薄い袈裟、神ならば無地の白衣か衣冠束帯というのが相場である。個々の神仏についても、おおよそのスタイルは定まっている。天照大神もその例外ではない。たとえば図2をみてほしい。これは伊勢にある神宮徴古館に収蔵されている天照大神の図像である。白衣を身にまとった長髪の女性として描かれている天照大神は、いま私たちがいだいているアマテラスのイメージそのものである。

それに照らしたとき、宝冠をつけ宝珠を手にした童子形の姿はあまりにもかけ離れたものといわざるを得ない。天照大神の像容としては、とてつもなく異様である。

長谷寺での雨宝童子との出会いは、素朴な驚きとともに、こうして私の心に深く刻みつけられることになった。

2　男神としての天照大神

二十年前、長谷寺で雨宝童子の姿をとった天照大神に対面した私は、その異形ぶりに強い衝撃を受けた。

しかしその後、神仏にかかわることがらを学んでいくにつれて、それが少しも珍しい現象ではないことを知るようになった。長い豊かな髪をした女性としての天照大神は実は近代にはいってから定着したものだったのであり、それ以前のイメージは実に多彩だった。江戸時代まで遡ると、雨宝童子は天照大神の像容としてはむしろポピュラーなものだったのである。(1)

図2　ニニギノミコトに斎庭《ゆにわ》の稲穂をさずけるアマテラス（部分）
（『斎庭の稲穂』今野可啓画　三重県　神宮徴古館蔵）

さらに新しい発見もあった。以下に紹介するのは、『源平盛衰記』に収められている説話である。(2)

福原遷都が実行され世間も騒然として、平家の凋落ぶりが誰の目にもはっきりしてきたころのことである。源中納言雅頼に仕える侍がある夢を見た。

――大内裏の神祇官とおぼしき所に、衣冠束帯に身を正した貴人たちがあまた連なっていた。上座の人物が赤衣の官人を召して次のように命じた。

「源義朝に御剣を預けていたが、いささか朝家に背く気配があったので、召し返して清盛に預け直しておいた。だが清盛も朝家をないがしろにしており、滅亡の時期が来たようだ。おまえは行って剣を取り返し、それを義朝の子の頼朝に預けよ」

官人はさっそく席をたち、ほどなく錦の袋に包んだ太刀を持ち帰り、上座へ進上しようとした。そのとき中座にあった上臈が、「頼朝一期の後にはぜひ吾が子孫に」と発言した。また紅の袴を着けた女房が、縁の端から三尺ばかり虚空に立って、「清盛入道は深く私を頼んで毎日大般若経の転読を欠かさないので、もうしばらく剣を預けておいてほしい」と懇願した。

これを聞いた二番目の席次の上臈が声を荒げて、「いかに入道の帰依を受けているとはいえ、朝威に背く謀反人に味方するとはけしからん。ひっ捕らえよ」と命じた。例の赤衣の官人が直ちに走り寄り、女房を門外に叩きだした。

侍は夢のうちでも恐ろしく思いながら、そばにいる人に問うたところ、上座の人物は天照大神、次席は日吉山王神、「吾が子孫に」と述べたのは春日大明神、女房は厳島明神、官人は西坂本の赤山大明神である、という答えであった——。

このエピソードは、さまざまな面で興味を惹かれるが、私がさしあたって注目したいのは天照大神である。ここでは天照大神は我々の常識に反して、衣冠束帯に身を固めた貴人の男性として描かれているのである。

天照大神が男神とされている例をもう一つあげよう。図3をみていただきたい。これは

図3　三十番神絵　天照大神
（奈良県　談山神社蔵）

室町時代の三十番神図に描かれた天照大神の図像である。烏帽子をかぶり狩衣すがたで笏を手にした姿をしている。男神としての天照大神は「中世日本紀」（中世に出現する一群の『日本書紀』注釈書）や山王神道関係の文献[3]にも登場する。平安から室町期にかけて、天照大神＝男神説は有力な流れを形成していた。さらにまた、伊勢のアマテラスは本来男性太陽神であり、それがヒルメ＝「太陽神の妻」としてそこに仕える斎宮の神格化に伴って、そのイメージを投影した女性神へと移行したとする有力な説も存在する[4]。

この他にも天照大神については、それを両性具有の神とするような記述もみうけられる[5]（『日諱貴本紀』）。天照大神はその性別や容姿について実にさまざまなバリエーションが存在したのであり、それが白衣の女神に統一されるのはたかだか百年ほど前のことにすぎないのである。

明治期における神々のイメージの統合は、天皇制国家の形成とそのイデオロギー的基盤としての神道の浮上という現象と、密接不可分なものであった。それまでそれぞれの寺社の判断にゆだねられていた神の図像に、国家的な規制の網がかぶせられるようになるのである。とりわけ皇祖神とされた天照大神像に対する干渉は厳しいものとなった。男神や雨宝童子の姿を借りた天照大神像は、この時点で社会の表舞台からほぼ完全に駆逐された。さらに、昭和期に入って戦時色が濃くなると、同じ白衣の女神ながらも、天照大神は角髪で武器を手にした勇ましい姿で描かれたものが増えてくるのである。

近世までの神々の多様で自由なイメージが明治維新を経てどのように統一されていったのか、またそれが政治的・社会的な動向の中でいかに変容していったのかという問題は、それ自体近代国家としての日本の成り立ちとその性格を考える上できわめて興味深いものであるが、本書ではこれ以上は立ち入らない。ここで改めて確認しておきたいのは、これまでの長い歴史における天照大神のイメージの多様さと変貌ぶりである。

男神か女神か。少年か壮年か。仏教を忌む神か、仏法の守護神か。――その本質的な定義において右へ左へと揺れを繰り返しながら、天照大神は古代から現代までを長らえ続けてきたのである。

3　現代人と神仏

日本の神を代表すると考えられている天照大神が、根元的な性格においていくたびもの変転を繰り返してきたとすれば、私たちは日本の神を考える際のこれまでの視点を、改めて見直す必要があるのではなかろうか。それは同時に「伝統の神と外来の仏」、「基層信仰としての神道と普遍宗教たる仏教」というシェーマを前提としてきた神仏交渉史と神仏習合論にも、再考を迫るものではなかろうか。

日ごろ意識することはなくとも、私たちは数多くの神々や仏たちに囲まれて生活している。神仏にかかわる儀礼や習俗が日常生活を強く規定していた前近代の社会に較べれば、宗教が及ぼす影響は驚くほど希薄になっている。にもかかわらず、私たちが神や仏とまったく無縁となってしまったかというと、そうともいい切れない。年頭の初詣やお彼岸・お盆の墓参りはいまやほとんど国民行事と化している。受験シーズンともなれば神社には合格祈願の絵馬がズラリと並び、誰かが亡くなった場合も、僧侶を招いて仏式の葬礼を行なうことが圧倒的に多い。

その際注目されるのは、私たちは神と仏に祈願する内容をはっきりと区別していることである。

いま私たちは、神と仏が別のものであることを知っている。神が日本固有の存在であるのに対し、仏教は大陸から移入された外来の宗教である。神は神社におり、仏は寺にいる。両者の機能も対照的である。仏は通常、死後のことを司っている。お寺で葬式を行なうのはそのためである。それに対し、交通安全や合格祈願といった現世での利益を担当するのは主として神の方である。私たちが神社で葬式を行なうことは絶対にない。神と仏の間には、決して越えることのできない一線が引かれているのである。

こうした事実に加え、クリスマスやバレンタインデーともなれば町中がそれ一色となるという状況もあわせて、さまざまな宗教の役割分担と共存が日本人の精神構造の特色をなしているという指摘は、しばしば耳にすることである。——日本では西欧やイスラム社会のように、統一的な世界観をもった宗教が排他的に精神世界を独占するという現象は起こらなかった。そこでは次々と伝来する新思想がそれぞれ固有の特色を残しつつ、一定の役割をあたえられて共存していくことになった。

そうした諸宗教・諸思想の共存を積極的に評価し、そこに日本的な融和主義と「和」の精神を見出そうとする主張さえ存在するのである。

このような見方は果たして当をえたものなのであろうか。私はかなり根本的な疑問をいだいている。たとえばいまの私たちにとって常識となっている神仏の区分も、ある時代まで遡ればまったく通用しなかった。

4　交流する神仏

『方丈記』の作者として有名な鴨長明の著作に、『発心集』という説話集がある。そこに、「花園左府、八幡に詣で往生を祈ること」という一話が収められている(6)。

後三条天皇の孫にあたる花園左大臣源有仁は、詩歌管絃に秀でた美貌の貴公子だった。いつのころのことであろうか、何を思い立ったか、この有仁が京から石清水八幡宮へ、東帯姿で七夜詣をしたことがあった。毎夜徒歩で京から石清水まで参詣する様子をみて、側近の者たちは、「これほどの難儀を重ねるのは、きっと並々ならぬ望みがあるに違いない。世継ぎの誕生を祈ってのことでもあろうか」と、ささやきあった。だが有仁の願いは、実は「臨終正念、往生極楽」にあった。

この話は『今鏡』『古事談』などにも収められている。当時の人々によく知られたものだった。それにしても不思議なのは、いったいなぜ神に往生極楽を祈らなければならないのであろうか。

こう思うのは、私たちが神と仏は別のもの、死後のことは仏が司るものという現代人の感覚で、この説話をみているからにほかならない。神に往生を祈ることは、かつては少しも珍しいことではなかったのである。

現代的な神仏の区別が通用しないもう一つの例をあげよう。次に掲げるエピソードは、『続本朝往生伝』『今昔物語集』などの説話集に収められて、平安時代の後半以降、広く人々に知られたものである。

妻の死に無常を感じて出家した大江定基は、名を寂照と改め、如意輪寺の寂心のもとで修行に励んだ。師の没後、入宋巡礼の旅を思い立った寂照は首尾よく渡海を果たし、中国の清涼山の衆僧の末席に連なることができた。

その寺の斎会での出来事である。寺の僧たちは斎食を受け取るときに、だれひとりわざわざ席を立つことをしなかった。代わりに自分の鉢を飛ばしては、供養を受け取っていった。

法会は進み、ついに寂照の番がめぐってきた。悲しいことに寂照は、「飛鉢の法」などいままで耳にしたことすらなかった。追いつめられた寂照は、「本朝の神明・仏法」の加護を祈った。とたんに鉢は勢いよく飛び上がり、供物を載せてどの鉢よりも速く寂照のもとにかえり着いた。(7)

この説話では、直面した苦境を脱するための祈願の対象として神仏が併記されており、両者の機能と役割に何らかの区別があるようにはみえない。神と仏を異質な存在として峻別しようとする意識は、ここからは読み取ることができないのである。

それ以上に私がここで注目したいのは、神と並んであげられている仏の変貌ぶりである。これまでしばしば、仏教はキリスト教などとともに「普遍的」な性格を持った宗教である、というういい方がなされてきた。それは仏教の信仰には、地縁・血縁といった属性はなんら本質的な要素ではないという点に由来するものであった。人種や民族を超えて、仏教徒の礼拝する対象はみな同じものであり、それによってえられる功徳にも差別はなかった。

そうした議論を前提にするとき、「本朝の仏法」という言葉は実に不可解である。そこにはすべての人々に開かれた信仰の対象としての仏とは似ても似つかない、「日本人」という理由だけで留学生を守護し援助の手を差し伸べる仏たちがいる。

神と仏はたんに同列に論じられているだけではなかった。その前提には、仏そのものの観念の変化があった。「日本」という特定の地とそこに住む人々との間に、切っても切り離せない関係を結んでいる点において、仏たちは神と完全に等質化しているようにみえるのである。

5　変身する神と仏

大陸から渡来した仏教が日本の神々と出会ったとき、両者はどのような形でかかわりあい、それによってそれぞれの観念や儀礼にどのような変化が生じたのか。――神と仏との交渉は宗教史という限られた学問領域の問題に留まらず、日本人の異文化受容を考える際の好例として、これまでも多くの研究者の関心を集めてきた。

従来この問題をめぐる研究は、もっぱら教理や思想の次元において、神仏習合理論の進展を跡づけるという方法が取られた。すなわち神仏交渉史は、「普遍宗教」たる仏教の仏と、「基層信仰」としての土着の神との結合深化の歴史として構想され、神仏習合→本地垂迹→反本地垂迹という図式が描かれてきたのである(8)。

しかし、私はこうした図式はきわめて不十分なものであると考えている。

たとえば、寂照を護ってくれた〈日本の仏〉を思いだしていただきたい。あの仏たちは一応は仏教的な存在でありながらも、到底「普遍宗教」などといった範疇で捉えきれるものではない。

神についても同様である。日本の神がその原質レベルで根本的な変容をみせていることは、先ほどあげた天照大神の例一つをとっても明らかであろう。

神―仏という二分法を前提とし、両者の習合と離反の距離を測定しようとする従来の研究は、こうした神仏そのものの歴史的な変容に、どれほどの注意を払ってきたであろうか。そこでは、神仏それぞれがもつ機能とその変貌のプロセスについての踏み込んだ考察がなされることのないまま、単に両者の関係の変化が論じられてきたようにみえるのである。こうした研究の背後に、神仏を別個のものとして区別する現代人の視線が潜んでいるとみるのはうがちすぎであろうか。

たびたび述べてきたように、神仏の観念は時代とともに大幅な変容を遂げてきた。神―仏という区分自体が、現在のような形では通用しない時代もあったのである。

それゆえ、私たちがまずなすべきことは、「神」「仏」という歴史を超えた不変の実体があたかも存在するかのような先入観を、きっぱりと捨てさることであろう。その上で、神仏それぞれの変容の過程を、史料に則して一つ一つ掘り起こしていくという根気のいる作業にとりかからなければならない。そうした行程を経てはじめて、私たちは神と仏の交渉というテーマに取り組む資格を獲得できるのである。

その際留意すべきことは、神仏それぞれの観念が、閉じられた信仰世界の内部のみで成熟していったのではないという事実である。

いうまでもなく、信仰は他の一切の社会的関係から切り離された真空空間に存在するものではない。それを支える人がおり、それを取り巻く社会があり、しかもそれらは刻々と変化を続けている。また、信仰の社会的基盤という問題に加えて、他の思想や宗教が神仏の信仰に与えた影響や、仏教・神道相互の影響関係も無視することはできない。神仏交渉史の研究は神と仏に着目しただけでは不十分なのであり、同時代の社会と思想状況総体の中で両者の関係性の変化を読み解いていく必要がある。その意味において、神仏交渉史は精神の全体史を叙述しようとする試みにほかならないのである。

　私はこの本において、特に古代から中世の時期に焦点をあわせ、これまで述べてきた視点から、神仏がそれぞれ劇的に変貌していく様相を明らかにしたい。その上で、両者が相互に交渉を重ねながら、新たなコスモロジーを形成していくありさまを、動的かつ立体的に描き出してみたいと考えている。

　さしあたって、第一章ではまず神々の世界に光をあてることにしよう。古代世界の中から、どのような過程を経て新たな装いをこらした神が誕生してくるかをみていくことにしたい。

第一章　祟る神から罰する神へ

第一節　祟りを下す神

1　記紀神話の神々

古代の人々にとって、神とはどのような存在だったのだろうか。

日本の神の始源や、縄文・弥生時代の神観念といった問題については、いまは触れない。ここでは中世に向けての神々の変貌を考察するにあたって、その直接の前提となる古代の神観念をとりあげてみたい。具体的には律令国家の形が整う七世紀後半から、その解体が本格化する十世紀ごろまでを視野に入れることにしよう。

この時期は古来のさまざまな伝承や記録、歌謡が集成・体系化され、次々と文献化されていくときにあたっていた。『古事記』『日本書紀』『風土記』『万葉集』などがそれである。

また国家による神祇制度の整備に伴って太古以来の神が人格神として成熟し、その観念が一応の安定をみせるときであったともいわれる。

まず神にまつわる具体的なエピソードをあげることからはじめよう。『日本書紀』に記載された允恭天皇十四年の出来事である。

この年、允恭天皇は淡路島にでかけて狩を行なった。島には多くの動物たちの姿がみえた。ところがいざ狩をはじめてみると、ひとつも獲物が手に入らない。不思議に思った天皇が原因を占わせたところ、島の神から「獲物が欲しければ、明石の海底にある真珠をわれに奉れ」という託宣をえた。そこで天皇は男狭磯という海人に命じて、深海の大アワビの腹中にある真珠を求めさせた。男狭磯が苦心の末その命と引き替えに入手した真珠を神に奉ったところ、こんどは多くの収穫をえることができた(1)。

次の話も同じ『日本書紀』に記された事件である。

仲哀天皇が九州の熊襲を討つべく、筑紫の橿日宮まで進出したときのことである。突然神が皇后に憑いて、「自分を祀れば、海の彼方にある新羅の国はおのずから服属し、多くの財宝をえる事ができるであろう」という託宣を下した。天皇は丘に登って玄界灘の彼方を眺めたが、どこにもそれらしき国の影は見当たらなかった。そこで天皇は託宣を無視することにした――(2)。

けれども事件はここで終わらなかった。神の意向に従わなかった天皇は、神の祟りを受けて絶命してしまうのである。妻の神功皇后が審神者を立てて神の名を尋ねたところ、ようやく神はその名を明らかにした。有名な神功皇后の新羅征討はこの後に起こる事件である。

この二つの話を聞いて、どのような感想をお持ちになったであろうか。ここに登場する神々の姿が、現代人が神に対していだいているイメージと、途方もなくかけ離れたものであることにお気づきになられただろうか。

ちなみに、いま私たちは神をどのようなものとしてみているだろうか。プロローグでも述べたが、私たちにとって神とは、何よりも祈りにこたえて利益を授けてくれる存在である。今年も初詣に出かけた方は多かったにちがいない。そのときの祈りの中味もおそらくは、家族の健康や仕事の成功といった類のものだったのではなかろうか。

しかし、古代の神はまったく違った。神は個人的なご利益を願うことのできるような対象ではなかったのである。

先の『日本書紀』の記事を思いだしていただきたい。神は、特定の社に常住していつでも気安く人の願いを聞き届けるものとはみなされていない。どちらの話でも神は何の前触れもなく突然出現して、人々にある命令を下した。その指令に従わなければ、人は神の下

図4　タタリ神（『もののけ姫』：Ⓒ1997　二馬力・TNDG）

す苛酷な災いを避けることができないのである。人々があらかじめ神の出現を予知することは不可能だった。また、神が何を要求してくるかも予測のたてようがなかった。そもそも、指令を下した神の名さえ当初は不明であった。それがいかに不合理なものであっても、人は神の下す命令に無条件に従うしか道はなかったのである。

律令時代には国家的祭祀の対象となる神々を中心に、特定の場所―神社―に常に鎮座する神も数多く存在していた。社殿も造られ、神に対する定期的な祭りや班幣も執り行なわれるようになっていた。ただしその場合でも、神への祈願が個人的な利益の追求を目的とすることは決してなかった。神が怒りを発して災厄をもたらすことなく、一族や共同体全体、あるいは王権を加護してくれることを求めるものだったのである。

古代の神の特色は、何よりもその意思の不可測性にあった。どの神がいつどのような指示を下すかは、まったく予測を超えた現象だった。指令が下っても、多くの場合その理由は私たちの理解の及ばないものであった。淡路島の神がなぜ真珠を欲しがるのか、誰も合理的な説明のしようがないのである。気まぐれに一方的な指示を下すこうした古代の神を、私は〈命ずる神〉と呼ぶことにしたいと思う。

この〈命ずる神〉がその意思を人々に伝えるための手段が、「祟り」にほかならない。それゆえ祟りも、古代のそれは、私たちがいだいている祟りのイメージとはかなりの隔たりをもっている。

「もののけ姫」というアニメ映画がある。宮崎駿監督の作品で、実際にご覧になった方も多いことと思う。そこに祟り神が登場する。全身の毛穴からヒルのようなうごめく触手を突き出しながら、災厄をまきちらして歩く祟り神の不気味さは、この上なく印象的なものである。

しかし、古代では祟りとは本来そのような邪悪なものではなかった。

歌人であり作家でもあった折口信夫という著名な古代史家がいる。折口はこの「たたる」という言葉について、独自の見解を示している。今日私たちは祟りという言葉を、「神の領域を侵犯したことに対して神が下す災い」という意味で用いている。けれども折口は、祟るという語が最初からそのような意味で用いられたとは考えなかった。「神のなす禍」といった用例以前に、「神意現われる」という意義があったと主張するのである。(3)

淡路島の神の場合でも、真珠を手にいれたいという意思を示すために神が行なったことが、獲物を取らせないという祟りだった。允恭天皇は祟りと占いを通じてはじめて神意を知り、それに従うことができたのである。

2 アマテラスの祟り

神がその意思を示す手段が「祟り」であったとすれば、その行使が特定の神に限定されないのは当然であろう。

このごろ日照りが長く続き、作物が皆枯れかけている。この原因を卜筮に占わせたところ、伊勢・八幡らの大神が祟りをなしているという結果を得た。そこで神祇伯大中臣朝臣淵魚に命じて祈禱を行なわせた。(4)

これは『続日本後紀』承和九年(八四二)七月十九日条にみえる記事である。ここでも、祟りは神意の発現であり神の側から一方的に下されるものであって、人々が祟りの主体とその意思を知るために手を尽くしている様子が窺える。問題はそうした祟りをなす神々の中に、天照大神・八幡神といった代表的な国家神が名を連ねていることである。とりわけ、皇祖神であり天皇家の守護神である天照大神が祟り神として登場することは注目に値する。古代においては天照大神さえもが祟りを下し、天皇の身体に危害を加える存在とみなされていたのである。(5)

ここで私たちは、「延喜式」に収められた「祟神遷却」(祟り神を遷しやる)の祝詞を思い起こさないであろうか。これはそのタイトルから知られるように、神々が祟りを起こした際に、その神を見晴らしのよい景勝の地に遷し、怒りを鎮めるために読み上げるものであった。

この祝詞はつい近年まで、「疫神祭」というお祭りで奏上されるものと考えられていた。疫神祭とは疫病が流行したときにそれを鎮めるためになされる祭りの総称で、基本的には境界の路上において疫神(疫病神)を饗応し、その侵入を断念させるという形態をとった。しかし、この祝詞の対象とする神は、「皇御孫《すめみま》の尊の天の御舎《みあらか》の内に坐す皇神《すめかみ》」と表現されていることから知られるように、疫神のように外からやって来るものではなく、最初から宮中にいるものとされている。(6)「祟神」が天皇のそば近くにいる神であるとすれば、外部から侵入しようとする疫病神を防ぐのがこの祝詞の目的であるはずはない。むしろ宮中に祭られた神が荒ぶる力を示したとき、その怒りをなだめるために「山川の清き地」へと「遷しやる」という内容が、この祝詞の主題であると考えるべきであろう。(7)「祟神」とは決して邪悪な祟り神ではなく、天皇の身体近くにある由緒正しき神々だったのである。

私たちは祟りというと、それを専門とする「祟り神」が存在すると思いがちである。「もののけ姫」の祟り神はまさしくそれにあたる。だが古代では違った。そこでは祟りの機能だけを専らにする祟り神は存在しなかった。天照大神・賀茂・八幡といった由緒正しき神々が何らかの意思を示すために起こす現象、それが祟りだった。祟りはあらゆる神の本質的属性そのものだったのである。

ただしここで見落としてならないのは、古代における「カミ」の観念は、私たちが考えるよりもはるかに広い範疇を包含するものだったことである。

古代における「祟り」の用例を見ていくと、しばしば現代的な感覚ではとても神とは思えないものまでが祟りを下している例に突き当たる。たとえばよく出てくるものに、桓武天皇をはじめとする天皇の「山陵」＝天皇陵がある。

『日本書紀』や『続日本紀』には、天地の諸神とともに王権を守護する存在として「天皇霊」が姿をみせる。これが折口信夫のいうような代々の天皇によって継承される天照大神の「まなあ」ではなく(8)、皇祖の諸霊の全体であることは、熊谷公男の明らかにしたところである(9)。天皇霊が天神地祇とともに皇位を守るものとされたことは、それが後に登場する怨霊とはまったく範疇を異にする存在であり、天照大神などの由緒ある神々と同レベルで捉えられるものであったことを示すものである。

「天皇陵の祟り」という現象は、そうした「カミ」としての天皇霊の観念を背景とするものであった。皇祖神である天照大神が同時に祟りをなす神であったように、天皇霊もまたときには容赦ない祟りを下す存在とみなされていた。山陵の祟りが明らかになったときには汚染などその原因が取り除かれ、謝罪のための奉幣使が発遣された。

天皇陵のほかには、草薙剣や大石、蛇が祟りをなしたという記事もみえる。聖徳太子の髪といった例さえある。(10)

仏も祟りをなす主体だった。『日本書紀』によれば、敏達天皇十四年(五八五)二月、蘇我馬子が病に臥った。卜部に占わせたところ、「父のときに祭った仏神が祟っている」という結果をえた。そこで馬子は天皇に奏上し、「卜部の言葉にしたがって、父の神を祭れ」という詔をえて、仏の石像を礼拝したという。(11) 祟りの出現→祟る神の確定→原因の除去、という一連の手続きが、狭義の神に対する場合とまったく同じであったことは注目してよい。

仏をはじめとするこれらの祟りの主体は、いまの私たちにとってとうてい神とはいえないしろものである。しかし、古代においてはこれらは人知を超えた霊異を示すという点において、同じレベルで捉えられていた。江戸時代の国学者、本居宣長が定義しているように、「尋常《よのつね》ならずすぐれたる徳《こと》のありて、可畏《かしこ》き物」(12)(『古事記伝』)はすべて、広い意味での「カミ」にほかならなかったのである。

この時代には仏と神の間には、後のような本地垂迹説を介した緊密な上下のコスモロジーはまだ形成されていなかった。国家祭祀の頂点に位置する天照大神をはじめとする名神以下、不可思議の霊力を持つさまざまな存在＝「カミ」は、すべてが祟りを下す〈命ずる神〉だったのである。

3　国家支配と祟り

祟りが〈命ずる神〉からの一方的な指令であるという基本的性格は、古代を通じて変化することはなかった。ただし非常におおまかにいえば、時代が下るにしたがって、祟りの原因はまったく合理性を欠いたものから、神のタブーの侵犯――神木の伐採や神域の汚染など――といったある程度説明のつくものへと、しだいに変化をみせていくように思われる。にもかかわらずいずれの場合においても、祟りへの対処は、基本的には神への祈謝の奉幣とその原因の除去以外にはありえなかった。古代においては人々は神の祟りに対し、神の意思に無条件に従うしか選択の余地はなかったのである。

なおこの点に関連して一つ述べておきたいのは、神の祟りとその対処としての神祀りが、神社とその祭祀者の家系の始源をなすという説についてである。

ある神が祟りをなす——特定の人物がそれを祭り、祟りを鎮める——その子孫が代々神を祭る役割を果たす、といった構図を持った神社の創建説話は、『風土記』などを中心にいくらでも見出すことができる。ただその場合でも、ひとたび祭り上げられたからといって、神の祟りがそれによって終止符を打たれることは決してなかった。それは国家祭祀の頂点に位置する伊勢神宮や賀茂社が、しばしば祟りを繰り返しているという事実にも明白であろう。

さて、話を元に戻そう。私は先に、祟りが神の側からの一方的な指示であるという性格は古代を通じて変わることがなかったことを指摘した。

ただしその原因については、まったく不合理なものから、しだいに因果の説明のつくものへと変化していく傾向にあった。それに加えて、祟りへの対処の方法自体が、律令国家の機構が整備されるにつれてシステム化されていったことも見過すことはできない(13)。

神亀六年(七二九)二月十三日のことである。天皇はにわかに身体の不調を訴えた。これを祟りと推定した神祇官と陰陽寮はただちに卜占を行ない、その原因を探ったところ、「巽方の太神」が「死穢不浄の咎」によって起こされている祟りによるものである、という結果をえた(14)(『太神宮諸雑事記』)。巽方とは東南の方角で、京都からみれば東南の方角の

「太神」とは伊勢しかありえない。直ちに宣旨が伊勢国司に下され、伊勢神宮の探索が行なわれて「死穢不浄」の除去が実行されている。

この例から知られるように、「天皇の不豫」といった祟りの可能性のあるケースはすでにリストアップが完了し、それが発生したときにはすぐさま神祇官と陰陽寮の担当官人が祟った神を突きとめ、その意思を確認する手順が整っていた。祟りを下す神々も、ある程度名の通ったものに限定される傾向にあった。祟りに対して、国家機構を動員して迅速かつ制度的に対処するためのマニュアルができあがっていたのである。

こうして作り上げられた祟りの処理システムの頂点に位置するものが「御体御卜《おほみまのみうら》」であった。これは毎年六月と十二月に、宮主が天皇の身体への祟りの有無を占う恒例の行事である。そこでは、あらかじめリストアップされてあった祟りをなす可能性のある神々の名が次々と呼び上げられ、その祟りの有無が判定されるという形がとられた。

これは祟りをなす神を、リストに記載された特定の由緒正しい神に封じ込めることによって、正体不明の祟り神が突如出現するといった危険な事態を回避するためであったと考えられる(15)。どのような病気でも、すでに知られた病原体によって引き起こされるものであれば、治療と対処の方法はある。一番危険で厄介なのは、「アンドロメダ病原体」のごとき未知の病原体が突然現われることである。祟りもまた既知の神が下したものであれば、対応は可能である。御体御卜は、降りかかる祟りを慣れ親しんだ神々の内に封じ込めるという意味をもつものであったといえよう。

祟りへの対処がこうした形で国家的な管理のもとに置かれていたとすれば、それはもはや祟りの及ぼす危害を最小限にくいとめるという、消極的な意義だけを持つものでないことは明らかである。

古代では突如として襲いかかる病気や災害は、人知を超えた神のしわざとしか考えられなかった。それはどのような手段を講じようとも絶対に避けることのできないものだった。もしそれに対して、ただちに神名を特定し、祟りの原因を除去するシステムが構築されていたとすれば、それが人心の安定と社会の秩序を維持するうえで、はかり知れないほど大きな役割を果たすことになったのは明白である。

律令国家は国家や社会の秩序に関する私的な託宣を厳しく禁止していた。「賊盗律」第七は、鬼神にことよせて「妖書」「妖言」を造りみだりに吉凶を説くことを、固く禁じている。[16]その一方で、祟りを通じての神々との交渉を王権へと独占的に取り込むことによって、それを支配秩序の安定化に積極的に利用しようとしたのである。

それにしても、祟りは古代においては神の本質的な属性そのものであるだけに、それを根本的に抑止することは不可能であった。人間の側は、祟りに対しできるだけ有効な対処のシステムを作り上げることしかできなかったのである。

第二節　邪霊の登場

1　邪気・霊気・モノノケ

古代の神が、突如として出現して予測のつかない指示を下す〈命ずる神〉であったことはすでに述べた。祟りは、神々がその意思を人間に伝える手段であった。その意味では、古代においては祟りはすべての神の本質的な属性そのものだった。祟りは神々が人々の注意を喚起する手段だったのであり、たとえ望ましいものではないにせよ、人々はそれを受け入れて折り合いをつけていかざるを得なかったのである。

ところが平安時代になると、神々のもつ祟りの機能の厭うべき側面だけが分離して、一人歩きをはじめるケースが目立ちはじめる。祟りだけを専門の属性とする邪霊の誕生である。

その代表が「邪気」や「霊気」と呼ばれるものだった。これらは平安時代の貴族の日記にしばしば登場する。藤原実資の日記『小右記』からいくつかの例を拾ってみよう。

図5　邪霊の暗躍する平安時代は、験力ある陰陽師が活躍する時期でもあった。祈禱する安倍晴明。祭壇の向こうには妖怪の姿が。(『泣不動縁起』京都市　清浄華院蔵)

長和四年(一〇一五)七月、実資の養子資平がにわかに体調を崩した。心配した実資が陰陽師安倍吉平を招いて占わせたところ、はじめ「霊気」の仕業という結果が出たにもかかわらず、翌日には一転して「疫気」によるものとされた。これに対し実資は、「邪気」ならば加持すべきである。しかし、疫病が流行している折節、「疫気」の可能性も高いので加持は控えるべきであろう、との判断を下している。(17)「疫気」と「霊気」・「邪気」がはっきりと区別されていることは興味深いが、両者の相違については後述する。ここではとりあえず「霊気」と「邪気」が個人に祟りをなす存在として、同義で使用されていることを確認しておきたい。

また長和四年十二月九日条には、「天皇の病悩のありさまは風病のようにも見えるが、あるいは邪気か」という資平の言葉を記している[18]。

『小右記』以外でも、「小一条院は、年ごろ霊気を煩われていた。飲み物も喉を通らず、その状態がすでに長く続いている[19]」(『左経記』)、「昨日、陰陽師有行朝臣に占わせたところ、悪身に加え邪気が祟りをなしているということだ[20]」(『水左記』)というように、その例は枚挙にいとまがない。

邪気と並んで平安時代に活躍する祟り神が「モノノケ」である。邪気や霊気が男性の漢文体の日記に多くみられるのに対して、モノノケは仮名文学によく登場する。たとえば『紫式部日記』には、「御物怪どもを憑坐に駆り移したが、かぎりなくさわぎののしっている[21]」、「御物怪のねたみののしる声などの、何と不気味なことか[22]」といった表現がみられる。

ここにでてくる邪気や霊気・モノノケとは何だったのだろうか。その手掛かりは、すべてに共通する「気」(ケ)という観念にあるように思われる。「気」が古代から現代に至るまで、日本の文化や思想を考えるうえで鍵となる重要な概念であることは繰り返し指摘されている[23]。祟りとの関係についてみたとき、「意富多多泥古に、我が御前を祭らせたならば、神の気が起こることもなく、国も安穏となって治まるだろう[24]」(『古事記』)といった言葉から知られるように、本来「気」は「祟り」と同じ意味を表わす言葉であった。それが後になると、「阿蘇の大神が、怒気を懐蔵している」[25]（『三代実録』）というように神の様子を形容する言葉となり、さらには神の意思を受けて祟りを引き起こす媒体、といった意味でも使用されるようになったようである。

（蜜蜂のような虫のせいで）相楽郡では牛がすべて斃れてしまって一頭も残っていない。綴喜郡では病死する者が相次いでいる。郡司や百姓はこの原因を探るべく卜筮を行ない、仏神を頼んで祈禱・祓攘を試みているが、少しも衰える様子はみえない。「移染の気」はいま北に向かっているという。使者を遣わしてこれに祈謝させることにした。[26]（『続日本後紀』）

右の引用文の、「移染の気」が「北行」したという言葉に知られるように、もともとは神の祟りに発する現象でありながらも、気は次第に自律的に流動する存在と捉えられるに至っているのである。

王朝文学にしばしば登場するモノノケもまた、最初は祟りの発動の一形態とみなされていた。

伊豆国に地震があった。これを占ってみるに、近々旱魃・疫病や兵乱があるだろうということである。これ以外に物恠もまた多く現われている。[27]（『続日本後紀』）

このごろ物怪が現われるので、その原因を占い求めると、恐れ多くも御陵が祟りを起こされているという結果が出た。[28]（『続日本後紀』）

延暦以降、大神の封物を割いてかのもろもろの神社に奉幣してきたが、弘仁から後はそれが途絶えてしまった。そのため諸神が祟りをなし、物怪はまことに頻繁である。[29]（『三代実録』）

ここに登場する「物怪」を「モノノケ」と読むことについては異説[30]もあるが、「物怪」は御陵や神の祟りによって生じるものとされている。モノノケをはじめとする得体の知れない怪異現象は、当初神の祟りによって引き起こされるものと信じられていたのである。

2　死霊の跳梁

このように「モノノケ」は当初、神と不可分に結びつきつつ、その意を体して祟りを顕在化させる媒体＝「気」の一種と捉えられており、意思と個性をもった自律的な運動体とはみなされていなかった。それがどのような過程を経て、邪悪な祟りをもたらす存在へと変身していくのであろうか。それを考えるヒントになるものが、平安初期から一般化する、気のいま一つの用例である。『日本霊異記』には次のような記述がみえる。

自殺した長屋親王の骨は土佐の国に流した。ときにその国の百姓で死ぬものが多く出た。そのことを憂えた百姓たちは朝廷に、「このままでは「親王の気」のために、国内の百姓は遠からずしてみな亡び去ってしまいます」と上申した。天皇はこれを聞いて、皇都から遠ざけるために、紀伊国の海部郡にある椒村《はじかみむら》の沖の島に移し置いた。(31)

ここで「親王の気」という表現に注目してほしい。長屋親王の怨霊が気という形をとって人々に災厄をもたらしていると考えられているのである。気が死霊の観念と結びつき、それ自体害を及ぼす存在とみなされていることは重要である。奈良時代の後半から、人に危害を加えるものとしての死霊や怨霊の観念が昂揚することは、すでに指摘されている。私は邪霊としての「邪気」「モノノケ」は、本来神の祟り実現の媒体としての気が神から切り離され、その作用面だけが一人歩きし始める一方、それがこの「死者の気」という用例と結合し、人格化していくところに成立したものではないかと考えている。

律令国家ははじめ、人々が死者の霊魂をさまざまな怪異や事件に結びつけて語ることを厳しく禁止していた。天平二年（七三〇）九月の勅では、安芸・周防の国人が、「みだりに禍福を説き、多くの人々を集め、死魂を妖祠」することを禁じている。(32)また、天平宝字元年（七五七）七月には、民間で「亡魂に仮託して流言を広め、村里を混乱に陥れるもの」(33)がいるとして、それを戒めている。おりしも橘奈良麻呂の乱後であり、その死魂にまつわるさまざまなうわさが民間に広まっていたのである。(34)

延暦二十四年（八〇五）に中国から天台仏法をもたらした最澄も、その「四種願文」などにおいて、一切の死霊が苦悩を離れて仏果に至ることができるように繰り返し祈願している。平安初頭において、死霊の慰撫が重大な社会的な課題となっていたことがわかる(35)。

こうした状況を受けて、やがて律令国家も亡魂の跳梁を無視することができなくなる。死霊への言及をやみくもに禁止するのではなく、その慰撫を公的な制度の中に取り込んで位置づけようとするのである。

はじめになされた処置は、早良親王（桓武天皇同母弟）・井上内親王（光仁天皇后）など権力闘争に敗れて死に追いやられた皇族の名誉を回復し、その墓を天皇墓に準じて「山陵」と称することだった。彼らは当時暗躍する死霊の代表格だった。いずれも皇族であっただけに、民間におけるその亡魂の浮上は、彼らを倒して権力を守った現政権に対する鋭い批判の意味を含有することになった。それだけにその祟りへの対処は、権力側にとっても焦眉の急だったのである。

天皇陵が仏などとともに広義の「カミ」とみなされていたことは先に述べた。それゆえ墓を天皇陵になぞらえることは、その霊を天皇霊と同様の「カミ」に祭り上げる行為にほかならなかった。これによって、亡魂の祟りは由緒ある神々の祟りと同じレベルで捉えられることになり、伝統的な祟りへの対処のマニュアルを適用することが可能になったのである。

『日本紀略』延暦十一年（七九二）六月十日条には、皇太子の病気を「崇道天皇（早良親王）の祟り」とした上、慰撫のために使者をその墓のある淡路の国に遣わしたことが記されている。[36]また、同じく『日本紀略』の大同四年（八〇九）七月三日条には、「使を吉野山陵（井上内親王墓）に遣わして、陵内を清掃し読経させた。旱魃が続き山陵が祟りをなしているためである」という記事がみえる。[37]祟りの原因の除去と仏法による鎮撫は、神々の祟りに対するもっとも典型的な対応の仕方であった。それがいまや、謀反の罪を着せられた早良親王と井上内親王の亡魂に適用されているのである。

しかし、死霊の跳梁はもはやそのような姑息な手段によっては押さえきれないところまで拡大した。次に掲げるものは『続日本後紀』承和十一年（八四四）八月五日条の記事である。


先帝（嵯峨天皇）の遺誡に、「世間では、物恠が現われるたびにそれを先霊の祟りのせいにしている。これはまったく根拠のないことである」というお言葉がある。いま物恠があったために所司に命じて卜筮させると、先霊の祟りであることが卦兆にはっきりと示された。我ら臣下が占いの結果を受け入れようとすれば、先帝の命令に背くことになる。もしそれを用いなければ当代の咎を避けることができない。進退がきわまってしまった。いまだいずれに従ってよいものかわからないでいる[38]。

この史料からすでに嵯峨朝期において、モノノケの原因を「先霊」に求めることが一般化していた様子を窺うことができる。祟りに際しての山陵祭祀はすでに奈良時代から行なわれていたがゆえに、ここでいう「先霊」を天皇家の祖霊（天皇霊）、ないしそれに準ずる神霊と考えることはできない。もはや天皇霊＝「カミ」としては対応することのできない、新興の多様な死霊の類とみるべきであろう。

すでにみてきたように、もともとモノノケは神の祟りの発現形態であった。ところが嵯峨天皇の時代には、人々の間にその原因を悪霊に求める風潮が広まっていた。嵯峨天皇はそれを否定したが、それは祟りを「カミ」の意思の発現と捉え、その対処を国家が独占することによって秩序安定に利用しようとした、律令国家の基本姿勢を受け継ぐものであった。

ところがこの時期に至って、下からの声に圧倒された官人たちは、先帝嵯峨の遺命に背いてまでも死霊をモノノケの原因に加えるよう上奏を行ない、承認をえるにいたる。これは、祟りと神とを一体的に捉えそれを国家が管理していくという、律令国家の基本方針の決定的転換を意味するものであったといえよう。

3　御霊信仰と疫神

かくして死霊は、祟りをなす存在としての公然たる地位を平安初期の社会のなかに確立するに至った。それに対する社会の対応は、以後、二つの方向に分化していくことになる。一つは、死霊を慰撫することによってその怒りを鎮め、逆に災厄を祓う神にまで祭り上げようとするものである。これは律令国家が早良親王らの霊を天皇霊＝カミに準じるものと規定することによって、それらが起こす危害に対し、神の祟りとして対応しようとしたことと方向性を同じくするものといえよう。貞観五年（八六三）五月、崇道天皇ら六人の死霊を慰撫するために京都の神泉苑で開催された御霊会は、それを代表する儀式だった。

この年、春から流行り病が広まり、多くの人々が命を失った。朝廷では左近衛中将藤原基経らを神泉苑に派遣し、御霊会を監督させた。このとき祭られた「御霊」は、崇道天皇・伊予親王・藤原夫人（桓武天皇妃）・観察使・橘逸勢・文室宮田麻呂の六柱だった。これらはいずれも政変によって死に追いやられた人物であり、その「冤魂」が「厲」となって疫病を引き起こしていると考えられていた。このたびの法会では、かの六人の霊魂を「御霊」と称して「霊座」を設けるとともに、その前に供物を捧げ、読経や歌舞・芸能によってその怒りを鎮めようとしたのである[39]（『三代実録』）。

こうした御霊会の形態はこれ以前から民間では盛んに行なわれ、「風俗を成」していたものであった。死霊観念の昂揚にともなう御霊信仰の流行を無視できなくなった朝廷が、それを国家の一元的な管理のもとに置こうと試みたのがこの御霊会だった。そのため朝廷は御霊会を主宰する一方、翌々年の貞観七年六月十四日には、人々が御霊会にことよせて集まっては「走馬・騎射」を行なうことを禁止している(40)。だがこうした一連の動きは、古代国家が国家的レベルで御霊に対応しようとするほとんど最後の試みとなった。御霊信仰は以後朝廷の管轄を離れて、民衆の手に帰していくのである。

ここに登場する御霊は、死霊をその本質とするものであった。だが、流行病の原因を御霊に求め、供物や読経などによってその鎮静化を願うといった方法には、明らかに疫神信仰との混淆を見て取ることができる。『三代実録』貞観七年五月十三日の記事では、災疫を防ぐために行なわれたほとんど同じ目的の行事が、「疫神祭」という名で呼ばれている(41)。『続日本紀』では称徳朝の最末期から光仁朝にかけて、疫神を祭るという記事が急速に増加する。猖獗をきわめる疫病への対応は、八世紀の末から社会的な関心をよんでいた。おりしも死霊が跳梁を開始する時期である。『日本霊異記』にみられた長屋王の「気」の祟りのように、死霊の暗躍が流行病と関連づけて捉えられることもあった。人々は伝統的な疫神の観念を新興の死霊と結びつけることによって、「御霊」という新たな神格を生み

図6 かつて疫病は疫神が広めるものと信じられていた。赤鬼の姿をした疫神が屋根から室内をのぞき込む。入り口には疫神の侵入を防ぐ呪具が置かれる。(『春日権現験記絵』東京国立博物館蔵)

だしていった。そして、大きな社会問題となっていた流行病の原因をそこに帰すことによって、その祭祀に疫病鎮静化の道を見出していったのである。

そうしたこともあって、これ以降御霊信仰は急速に牛頭天王などの疫神信仰との習合を深めていくことになる。『本朝世紀』天慶元年(九三八)九月二日条には、近日東西両京で街路に木を刻んで造った一対の神像を安置し、供養礼拝して香花を捧げることが流行している、という記事をのせる[42]。

この神は「岐神」あるいは「御霊」と呼ばれたという。岐神とは疫病の侵入を防ぐ道祖神にほかならない。御霊はここでは疫神からさらに転じて、疾疫防止の神として信仰されるに至っているのである[43]。

かくして御霊は疫神と習合しつつ、しだいにそれが本来もっていた死霊としての性格を薄め、祟りを下すよりは恩寵をもたらす存在として、伝統神と等質化していくことになった。やがて本地垂迹の論理に組み入れられ、賞罰を与える存在として起請文にも勧請されて、中世に向けて衆庶の間に定着していくのである（次章第二節参照）。

4　調伏されるモノノケ

〈六所御霊〉〈八所御霊〉に代表される特別のパワーをもった人物の霊は社会に共有され、神格化されて信仰の対象となっていった。他方、それ以外のマイナーな死霊は、霊の観念も祟る対象もむしろ個別化・個人化へと向かった。摂関期に入ると、邪気もモノノケもその正体は完全に個人の霊と一対一で対応するに至る。その祟りの対象も不特定多数から、その霊の恨みをかった特定の人物や家系に限定されるようになった。

主上の御目の不調は、冷泉院の御邪気のせいであると云々。霊が女房に託して、あらわに述べたということだ[44]。その内容はしかじかということである。霊が人に乗り移って、御目が明らかになったという。（『小右記』）

昨日資平が密かに語っていうには、律師心誉が女房を加持したところ、賀静・元方らの霊が現われて、「主上の御目のことは賀静のしわざである」と述べたという。[45]（同）

夜に邪気が人に憑いたが、名乗ろうとしない。そのありさまは故二条相府の霊に似ている。[46]（同）

これらの記述では邪気・モノノケが、ある人物の霊であることが当然の前提となっている。その祟りの対象も一人の人物に限定されている。祟りをなすものとしての邪霊の観念がこうして成熟するのである。以後邪霊は貴族社会を中心に、すさまじい猛威を振るうことになった。

邪気・モノノケといった邪霊の成立は、祟りをめぐる人々の観念とその対応の仕方に大きな変化をもたらした。

かつて祟りは、神々が人間の注意を喚起する手段であった。人間がなすべきことは神の声に素直に耳を傾け、その意思に無条件に従うこと以外にはなかった。また、同じ死霊観念に発するものであっても、御霊の場合は神として祭る対象であり、祟りに際して調伏を行なうことなどは問題外だった。

しかし、邪気やモノノケは違った。祟りの主体が邪悪な死霊であるとすれば、その対処の仕方も当然それにふさわしいものが求められることになった。邪霊の正体を確認したうえで、それをねじふせるための仏教や陰陽道による加持・修法が新たな対応策として浮上してくるのである。

『栄華物語』には次のような記述がある。

大将殿（藤原頼通）はしばらく病悩が重くておいでになった。（中略）光栄・吉平などを召して、その原因を占わせたところ、「御物のけであろうか」「恐れ多い神の気か」「ひとの呪詛」など様々に申し上げたので、「神の気であるならば、御修法などとんでもないことである。だが物のけなどが現われているのに、何もしないでおくのも恐ろしいことだ」などさんざんに迷ったあげく、ただ祭りや祓いばかりをしきりに繰り返した。（中略）この殿は、幼少のときからたいへん風病が重くていらっしゃるということで、風病の治療などもお命じになった。何日かが過ぎてもその験は現われなかった。すこしも御心地が快方に向かわないご様子なので、こうなっては他に方法がないということで五壇の御修法をお始めになった。(47)

ここでは、「神の気」と「物のけ」は完全に別のものとして捉えられている。神の気の場合には「御修法」など問題外であり、「祭」「祓」や読経によって神をなだめることが必要と考えられていた。これは伝統的な祟りへの対応の仕方である。それに対しモノノケは、験者による加持や五壇法などのあらゆる修法を動員して、調伏すべき対象とされていたのである。

先に触れた、『小右記』で「邪気」と「疫気」に対する対応が区別されていた問題も、実はこれと密接に関係している。「邪気」の場合、霊魂による特定の人物への祟りであったため、怨霊調伏の加持が有効であった。他方「疫気」は、疫病の流行という不特定多数を巻き込んだ社会的現象であった。それは(疫神・御霊神をも含めた)神の「気」によって引き起こされるものと信じられていたため、加持の対象とはなりえないと考えられた。[48]

『小右記』万寿二年(一〇二五)八月五日条では、娘嬉子の病が「神気」であることを恐れて調伏を渋る験者に対し、「邪気」であることを確信する道長がみずから加持を実行してみせるというシーンがある。[49] 道饗祭や疫神祭が、外から侵入しようとする疫神の撲滅を目的とするものでなく、それを饗応し丁重にお引き取り願うものであったことも、ここで思い出していいだろう。

さて、ひとたび怨霊の祟りと認定されたとき、どのような対応がなされたのであろうか。『源氏物語』からモノノケ調伏の具体的な手順をたどってみよう。以下は、「若菜」下に記された有名な紫上へのモノノケの祟りの一シーンである。

光源氏の妻の紫上の体調が思わしくなかった。護持僧がよばれて種々の修法がなされたが、紫上の病状はいっこうに好転しないどころか、ついには絶命するにいたる。物怪のしわざであることを確信した源氏はすぐれた験者を集められるだけ集めて加持を行なわせた。頭から黒煙をふりたてて祈禱がはじめられると、物怪が憑坐《よりまし》の小童に乗り移って叫び声を上げ、同時に紫上は蘇生した。小童に移った物怪は自分の正体が六条御息所であることを明らかにし、心の未練を切々と源氏に語った[50]。

モノノケ調伏は、ある人物にとりついたモノノケを加持の力で憑坐に駆り移すことによ

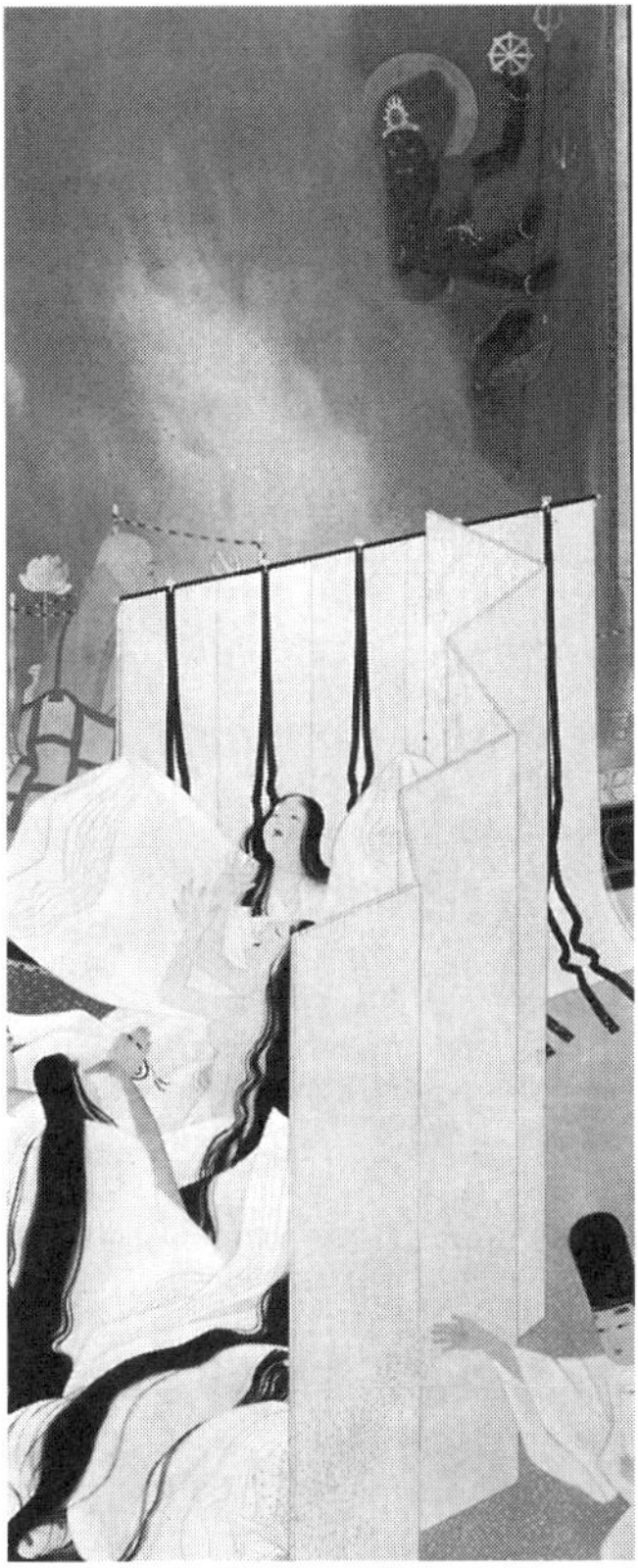

図7　モノノケが乗り移った憑坐の女性。几帳の蔭には調伏の僧。（安田靫彦画『御産の禱』東京国立博物館蔵）

って平癒がもたらされる、という構造をなしていたのである。

このモノノケ調伏の例から知られるように、国家的な管理システムから逸脱した邪霊の祟りは、疫病や天災といった国家的対応を求められるものではなく、あくまで個人レベルで対処すべきものと考えられた。そのため悪霊の跳梁する摂関期に入ると、貴族たちの間ではモノノケ調伏の験力に優れた験者や陰陽師に対する需要が急速に拡大するのである。平安後期に編纂される説話集や寺社縁起類には、名だたる験者と怨霊との息詰まる戦いぶりが描き出されている。

速水侑は、律令時代に禁止されていた個人的な壇法や修法が摂関期頃から盛行することを指摘し、その背景には修法の国家管理からの解放とその個人化の進展があったとする(51)。それはまた国家的対応の網から逃れた邪気やモノノケが活躍を開始し、個々人がその対応を迫られるようになる事態とも即応していたのである。

第三節　変身する名神

1　祟りと罰

私は前節において、平安初期から祟りのみを属性とする邪気・霊気・モノノケといった邪霊が誕生し、祟りの主役は伝統的な神々からそれらの邪霊へと移行するに至ったことを論じた。

もちろん、そのことによっても伝統的な神々の祟りがただちにやむことはなかった。平安・院政期はもとより鎌倉時代に入っても、貴族の日記には不祥事出来に際して、軒廊御占や恒例の御体御卜が行なわれていたことを示す記事が散見する。しかし、それは閉じた公家社会において伝統儀式として継承されたものであって、神と祟りを結びつける記述は平安時代以降、しだいに減少し続けるのである。

それでは祟りの主役の座を奪われた伝統神は、そのことによっていかなる変貌をとげるのであろうか。こうした問題意識をもって史料を博捜していったときに気づくことは、平安時代の後半から神の祟りの減少に比例するかのように、神の作用として「罰」という言葉が用いられるようになってくることである。その用例は、十二世紀以降とくに頻繁となる。

時に延養は、観音を恨んでいった、「垂迹の神明こそ現罰が烈しいことはあっても、慈悲にあふれた本地がこのような仕打ちをなされてよいものか[52]」。(『粉河寺縁起』)

何の罪もない天台座主を流罪に処して、果報が尽きてしまったのであろうか、山王大師の神罰冥罰をたちどころに蒙って、このような目にあってしまった[53]。(『平家物語』)

真実の道心もないまま神職をのがれて隠居し、富貴を誇って他所との交際を好み、当宮のことを後回しにするような輩は、後生を待つまでもなく、現世において神罰を免れることはできない[54]。(『八幡愚童訓』)

古代における「祟り」から中世における「罰」へ——神々の機能の変化はこのような形で捉えることができるのではなかろうか。

それを裏づけるものが起請文の神文である。起請文とは、「宣誓を破った場合には神仏の罰を受ける」という自己呪詛の文言を備えた一種の宣誓書である。そこには審判者として多くの神々が勧請されていた。その例を二、三あげてみよう。

もし嘘偽りを申し上げるようなことがあれば、この教高の身に御寺の三宝春日大明神の神罰を、毛穴ごとに蒙ることになってもかまわない[55]。(「大法師教高起請文」)

日本国主天照大神・春日権現ならびに七堂三宝をはじめ、当所護法・両所権現、住持伽藍の神罰冥罰を、我が身の八万四千の毛穴ごとに受けるであろう。(56)（「某起請落書」）

右の引用文で注目されるのは、起請破りに対して勧請神が行使すべき力が、「神罰」「冥罰」というように、「罰」として表現されていたことである。これはどの起請文をとっても例外ではない。十二世紀以降中世を通じて著される膨大な数の起請文では、神の作用はすべて「罰」と記され、「祟り」としたものは私見の及ぶかぎり一つも見当たらない。中世において、神は祟りよりはむしろ罰を下す存在と捉えられていたのである。

2　賞罰を司る神

さて、ここで次の疑問が生じる。罰という言葉は単に祟りを異なる表現で言い換えたにすぎないのか、それとも表現の変化に伴って、神そのものの性格に何らかの根本的な変化が生じたのか、という問題である。

すでに指摘したように、古代の祟りは神の側からの一方的な意思の表明であった。神が何を求めているかは、祟りがあってはじめて明らかとなった。祟りは〈命ずる神〉の不可分の属性だったのである。

それに対し、罰を下す中世の神はどうであろうか。罰という語の用例を拾っていくと目につくのは、「賞罰」という形で、「罰」が「賞」とセットで出現する場合が多いことである。

当社は霊験がことに優れた社壇であって、賞罰の威力は他の神を超える。(57)（「肥後甲佐宮神官等解」）

我が朝は神国である。神道を敬うことを、国の勤めとしている。謹んで百神の根源を尋ねてみるに、諸仏の垂迹でないものはない（中略）おのおの仏が宿福の地を求め、もっぱら縁ある衆生を導くべく、善悪の業因を糾明し、賞罰の権化を施している。(58)（「延暦大衆解」）

ただ姿を変えて神と現われ、不浄を戒め不信を懲らしめ、懈怠を叱り精進を奨励し、信・不信について賞罰を正しく下し、現世と後生の願いを満足させてやろうと思うばかりである。(59)（『耀天記』）

神はただやみくもに罰を下すだけの存在ではなく、人々の行為に応じて、ある基準に照らして厳正な賞罰権を行使するものであることが強調されているのである。

神が賞罰を下す基準とは何か。それは「信・不信について」といった言葉に窺えるように、神自身とその守護する仏法に対する「信」「不信」であった。神は人々を仏法に結縁させるべくこの世に垂迹したとみなされていたがゆえに、仏法への敵対はとりもなおさず守護神への敵対とみなされ、下罰の対象とされた。不信はしばしば「罪」という言葉で言い換えられている。――神が人間に求めるものだった。

神は信心を要求し、人々の態度に応じて賞罰を下す。神が人間にある力を行使する点では祟りと共通しているようにみえるが、その構造はまったく異質である。中世に入ると、神はあらかじめ人がなすべき明確な基準を示し、それに厳格に対応する存在と捉えられるに至っていた。私はこうした性格をもった神々を〈応える神〉と規定したいと思う。中世の神は、もはや一方的に不可測の意思を押しつけるだけの存在＝〈命ずる神〉ではなかった。

祟りをなす〈命ずる神〉から賞罰を下す〈応える神〉へ。――私はここに、古代的な神々が中世的なそれへと転換していく姿を見出すのである。

もちろん、中世に入っても神が祟りをなすという記述は完全に消えてしまうことはなかった。以下は、『神本地之事』中の一説である。

法性真如の都よりおいでになって、衆生が六道輪廻を繰り返すこの汚れた世界に交わり、権現・大明神と顕われて、日夜三時に三熱の苦を受けて、神となられた。もし一紙半銭というわずかなものさえ惜しんで、仏法の方に施そうとしない人には祟りをなして、その惜しむところのものをもって結縁の始めとして、しだいに極楽浄土に引導されようとしている。それゆえ童子教には、「神明が愚人を罰せられるのは、悪ではない。懲らしめるためなのである」と説かれているのである。[60]

ここで、「祟り」が「罰」と言い換えられていることに注目してほしい。その内容も不合理な指令の一方的な押しつけではなく、仏法に敵対した報いとされている。かつての「祟り」とは異なり、中世の神の祟りは、多くの場合〈応える神〉の下す「罰」と全く同義で用いられているのである。

この点を補足するために、いま一つ史料をあげよう。和泉国を知行していた平親宗が、春日神人を捕らえて責め殺すという事件があった。後に親宗は病床に臥して死去するが、『春日権現験記』はその原因がこの事件にあったとしたうえで、「大明神の御祟りはただちに下ることはなくとも、いつかは必ずこのようにあるものなのだ」[61]と記している。この場合の「祟り」も神からの一方的な意思表示ではなく、親宗の不信の行為に対する神による明確な応報と捉えられているのである。

3　祟り神の行方

私は前節において、古代から中世への転換に伴う神々の変貌を論じた。祟りを属性とする古代以来の名神は、中世では賞罰の力を行使する存在と捉えられるに至るのである。

他方、平安期から新たな祟りの主役として登場する邪気・モノノケといった邪霊は、中世にはいってどのような運命を辿るのであろうか。まず『愚管抄』の次の言葉をみていただきたい。

一条摂政（藤原伊尹）は朝成の中納言の生霊を身に受けて、子の義孝の少将までがそのためになくなったということである。（中略）元方の大納言は村上天皇の第一皇子広平親王の外祖父であったが、怨霊となって冷泉院を激しく責め申し上げた。顕光大臣の霊は藤原道長にとりついた。そのわけは小一条院敦明の舅であったからだ、などといわれている。しかし、仏法というものが盛んであって、智恵と行法を兼ね具えた僧も多くいたので、これまで述べたようなことは祟りがあったとしても、思いのほかの大事に発展するのは防ぐことができたようである。(62)

慈円は生霊・死霊がなす「タタリ」の歴史を振り返っているが、それらを仏法によって調伏される対象とみていた。「生霊死霊のたたり」という言葉は『春日権現験記』などにもみえる。(63) 北条政村の娘も、死者の「邪気」に苦しめられていた(64)（『吾妻鏡』）。祟りを生霊・死霊と結び付ける見方は、中世においても継承されていたのである。

いま一つ例をあげよう。これは『宇治拾遺物語』の一節である。

昔、物の怪をわずらっていた所で、物の怪をよりましに駆り移したところ、物の怪が憑いていうには、「自分は、たたりの物の怪ではありません。さまよい歩く狐にございます」と。(65)

ここではモノノケの正体が狐であることになっているが、「自分は、たたりの物の怪ではありません」という言葉に、モノノケが祟りを本性とするものとみなされていた証左を見出しえよう。

ここでいう「祟り」が、古代以来の名神が衆生を導くために行使する「罰」と同義の祟りでないことは明らかである。むしろ怨みや嫉みなどの感情によって危害を及ぼす、邪霊のそれの系譜に位置するものであろう。中世の祟りは、もっぱら平安期に成立する死霊・モノノケなどの邪霊によって担われていたのである。

こうした〈祟り神〉は、仏の垂迹としての名神たちとはどのような関係にあったのだろうか。そこで注目されるのが、中世にたびたび登場する、神を「権社」「実社」に区分する仕方である。

(1)、いままさに神の本地を明らかにして、その功徳をあまねく法界に廻向せしめようと思うのであるが、その際に三つの門がある。第一に、権社の神の本地を明らかにし、第二には実社の神の祟りを明らかにし、第三に廻向の功徳を明らかにする。およそ神といわれるものには、二つの意味がある。一つは権社の神、二つには実社の神である。第一の権社の神とは、法性の真理の都から出てかりそめにこの六道世界の塵に交わり、衆生を利益しようとされる神である。（中略）第二の実社の神というのは、悪霊・死霊といった神である。これは天地にあまねくいる悪鬼神を指す。かの多くの神々が国土に満ち満ちて祟りをなすのである。[66]

(2)、いままさに神の本地を明らかにして、その功徳をあまねく法界に廻向しようと思うにあたって、二つの門がある。一つには権社の神の本地を明らかにし、二つには実社の神の祟りを示すものである。さて神といわれるものには二つの意味がある。一つには権社、二つには実社の神である。[67]

(1)は、真宗系の談義本『神本地之事』、(2)は日蓮に仮託された『神祇門』からの引用である。真宗と日蓮宗という全く系譜を異にする教団の史料に、ほとんど同じ言葉が出現することは興味深い。

これらの史料では、神々には「権社」と「実社」の二つがあるとされる。前者は仏の垂迹であり、古来の由緒正しき「かみ」である。それに対し後者は「悪霊死霊等の神」「悪鬼神」であり、国土に満ちて「祟り」をなす存在とされているのである。

神を「権」と「実」とに分ける仕方は、貞慶が起草した『興福寺奏状』にもみることができる。

第五に霊神を背く罪。念仏者は長く神々を遠ざけ、権化・実類の区分を顧みず、宗廟大社を憚ることなく、神明を頼めば必ず魔界に堕ちるなどと公言している。実類の鬼神についてはここでは論じないことにしよう。権化の垂迹に至っては、すでに大聖にほかならない。だからこそ上代の高僧たちもこぞって帰敬してきた(68)。

ここでは奏状は、念仏者の神祇不拝の行為を取り上げ、実類の神はいざ知らず権化の神を崇敬しないとは何事か、と非難を浴びせるのである。中村生雄が述べているように、「権」「実」の区分は、中世においては広く知られていたものだった(69)。神を二つに分類し、賞罰の権限を行使することによって仏法を守護する由緒正しき神を「権杜」、死霊・悪霊といった祟り神を「実社」とすることは、中世では仏教者を中心に一般化していたのである。

なお、御霊・天神などは元来死霊に由来するものでありながら、権社の範疇で捉えられていたことは注目してよい。これら社会に共有される著名な人物の霊は、早い段階から個人に害をなす邪霊とははっきり区別されていた。それが中世では、賞罰を下す仏法の守護神として伝統的な神と一括して捉えられ、起請文に勧請されるようになるのである(次章第二節参照)。

以上、私たちは古代から中世にいたる神々の変貌の軌跡を辿った。

不可測の意思を場当たり的に押しつける存在としての古代の〈命ずる神〉は、平安期には祟りだけをもっぱらにする邪霊を分出しつつ、十一・十二世紀を転機として、特定の基準に照らして厳格な応報を下す中世的な〈応える神〉へと、劇的な変貌をとげていった。それに伴いその主たる機能は、「祟り」から「罰」へと転換した。刻々と変容を遂げてきた日本の神を、「伝統的な」「土着の」といった一言で規定する従来の見方が、いかに実態とかけ離れたものであるかは、いくぶんなりともご理解いただけたのではないかと思う。

それにしても、神々にこうした変身をもたらした原因はいったい何だったのであろうか。賞罰の基準が「信・不信」であったこと、中世の神が仏の垂迹とされたことなどから、仏教的な世界観の影響があることはとりあえず予想される。しかし、ここでは早急に結論を求めることはせずに、ひとまず仏の方に目を転じてみたい。神々との交渉の相手である仏たちが、古代から中世にかけての同じ時期にどのような変化を遂げたかをみていくことにしよう。

第二章 〈日本の仏〉の誕生

第一節 日本の仏の出現

1 日本人を護る仏

私はプロローグにおいて、中国に渡った大江定基（寂照）のエピソードをとりあげ、そこに「日本人」という理由だけで留学生を守護し、援助の手を差し伸べる〈日本の仏〉が登場していることを指摘した。平安時代の史料を繙いていくと、日本人に加護をなす仏はほかにも姿を現わす。

これも『江談抄』などに収録され、よく知られた話である。

遣唐使として中国に派遣された吉備真備は、彼を快く思わない唐の朝廷からつぎつぎに難題を課された。真備は、先輩の遣唐使の阿倍仲麻呂が姿をかえた鬼の密かな援助によって、かろうじてそれをクリヤーしていった。真備が霊鬼の力を借りていることに気づいた唐側は、今度は結界を張り巡らして鬼の威力を封じたうえで、宝志という僧に命じて暗号のような難解な文を作らせ、皇帝の前で真備に解読させようとした。もはやなすすべもない真備が、日本の方を向いて「本朝の仏神」に祈ったところ、一匹の蜘蛛が文字の上に落ちて糸を引き始めた。真備はその糸の跡を辿ることによって、文の解読に成功した。(1)

ここにも、留学生真備を助けてくれる「本朝の仏神」が登場する。『江談抄』(類従本)ではこの「本朝の仏神」の後に、「神は住吉大明神、仏は長谷寺観音」という註が付されている。これがプロローグで触れた長谷寺の観音であることはいうまでもない(ただし、現在の仏像は後世の作)。〈日本の仏〉とは、具体的には長谷寺の観音のごときものとしてイメージされていたのである。

私はここまで、中国を意識した日本の仏の存在について述べてきた。しかし、特定の地縁や血縁と切り離すことのできない結び付きをもった党派的な仏という点に着目すれば、そうした性格を有する仏たちは、平安後期以降の説話集の中にいくらでも見出すことができる。

たとえば『今昔物語集』には、合戦の折りに矢種が尽きんとしたときに、「我が氏寺の三宝、地蔵菩薩、我を助け給え」という祈念に応えて、矢を拾い集めて与えてくれた地蔵の話が収録されている[2]。また、「国の内の仏神」をねんごろに祀ることによって、「国内」の安穏を実現できた国司の話もみえる[3]。

ここに登場する仏たちは、だれとも等距離の関係を維持する開かれた信仰の対象ではない。氏族や「国」といった限定された血縁・地縁と、切っても切れない関係を有する存在であった。その点で、先述の〈日本の仏〉と共通する性格を持っていることは明らかである。

それにしてもここに登場する〈日本の仏〉は、それ自体が不可解であるとともに、さまざまな謎を秘めている。寂照や真備が中国で追い詰められてしまったとき、頼みの綱は日本の神仏だった。入唐した円仁も危機に陥ったときにはやはり「本山の三宝薬師仏」に救いを求めている[4](『今昔物語集』)。異国の地で最後に頼むべきものが日本の神仏でしかなかったとすれば、そもそも彼らはなぜ中国に行かなければならなかったのであろうか。はじめから日本にいて、日本の神仏に祈っていればよいではないか、と思うのが私たちの素朴な感想ではなかろうか。

こうした疑問をいだきながら、私たちはさらに〈日本の仏〉の謎にせまっていきたいと思う。

2　土地をシメル仏

〈日本の仏〉の観念は、いったいどこから生まれてきたものなのか。――この疑問に対し、ただちに思い起こされるのは、日本の神との類似性ではなかろうか。

私たちは前章で古代日本の神を取り上げ、その特色を「祟り」をなす点に求めた。それに加えてもう一つ特色をあげるとすれば、それは神が特定の血統や地域と密接不可分の関わりをもっており、それを抜きにしてはその存在もありえないことであった。

古代においては物部・中臣・大伴といった氏族それぞれが、みずからの守護神や祖先神をもっていた。氏族の守護神を祭ることができたのは、その氏族の人間だけであり、そこに属さない人間にとってはまったく無縁なものであった。天皇でさえも各氏族の祭祀に対しては、安易に干渉することができなかったのである。

逆に天皇家の守護神である天照大神は、王家以外の人々には祭ることも祈ることも許されなかった。今では毎年新年になると閣僚の伊勢参拝の是非が話題に上るが、もともと一般人の伊勢参拝など問題外のことだったのである。

古代以前には氏族の神に加えて、もう一つ別のグループの神々がいる。特定の「地」に鎮座する神である。これを『古事記』に描かれたヤマトタケルの東征を例にとってみてみよう。

父景行天皇の命をうけて東国平定に向かったヤマトタケルの行くところ、沼・水道・坂・山・川といったあらゆる場所ごとに、一柱ずつの神がいた。走り水の海（浦賀水道）を渡るときには、そこの「渡の神」が波浪を起こし、船を進めることができなくなった。后のオトタチバナヒメが身代わりになって入水することによって、ヤマトタケルはようやく危機を脱するのである。(5) こうしてヤマトタケルはそれらの神々をあるいは祭り、あるいはなだめ、あるいは服属させながら、侵攻の歩みを進めていった。

ここに登場する神々は、山や大石や巨木など霊異を感じさせるあらゆる存在のなかに神霊の姿をみた、太古以来のアニミズムの名残とも考えられる。いずれにせよそれらが、氏族の守護神とは違って特定の血縁とは関わりをもたないかわりに、具体的な地と切り離すことのできない存在であったことは見逃せない。古代日本の神は各氏族の守護神に加えて、限られた境域を「シメ（閉）る」川や坂や山などの地域神からなっていたのである。

石田一良は、氏族や領域をこえた普遍的な救済を説く仏教の空間観念を、「開かれた空間意識」と規定した。それに対し、特有の境域・部族・神が三位一体として把握されるこうした上代日本のそれを「閉められた空間意識」と名付け、そこに日本固有の「神道的」な空間意識がみられることを指摘している。(6) 石田のいう、土地および血との一体化は、

『宇佐八幡宮御託宣集』の、「人の国よりは吾が国、人の人よりは吾が人[7]」という言葉に示されるように、以後も一貫して日本の神を特色づける性格であった。

こうした日本の神の特性がそのまま〈日本の仏〉にあてはまることは、説明の必要がないであろう。〈日本の仏〉と日本の神々は、どちらも「日本」ないしはその内部の限定された領域、およびそこに住する人々と特殊な関係をもつ存在である点において、共通性を有しているようにみえるのである。

3 「神」とよばれた仏たち

神と仏の同一視は、すでに仏教伝来の当初からみられた現象であった。『日本書紀』によれば、百済の聖明王から送られた華麗な仏像を、当時の人々は「蕃神」「仏神」とよんだという。仏は渡来した異国の神とみなされていたのである。

その機能においても、神と仏は酷似していた。仏が神と同様、祟りを下す存在とされていたことは先にみてきたとおりである。その呼称は異なっても、両者とも広義の「カミ」にほかならなかったのである。

仏が異国の神として受け入れられたことはこれまでも繰り返し論じられ、すでに常識に属することがらとなっている。しかし、私の見解はそこから先が異なる。従来の通説では、当初こそ「蕃神」と称され、土着の神と同一レベルで捉えられていた仏も、仏教の教義に対する日本人の理解が深まるにつれて神と区分され、両者の相違も明らかになっていったとされる。神仏習合は、異質な存在としての神と仏という観念の成立を前提としたうえで、両者をどのようにつなぎ合わせるかといった課題への解答として生じた現象とみなされているのである。

果たしてそうであろうか。時代が下るにしたがって「神とは異質な仏」の観念が確立し、神仏の差異をめぐる思弁が展開することはまぎれもない事実である。だが神と区別される仏はむしろ少数だった。大多数の仏についていえば、神との同一化はむしろ進行し、神仏の境い目がしだいに消えていくという方向をとることになった。〈日本の仏〉はその一例である。

仏だけが一方的に神にすりよっていったわけではない。神も仏へと接近していった。神像の成立はその最たるものである。かつて決してその姿を顕現することのなかった神は、仏像の影響を受けて像という受肉した形体をとることになった。

神仏の等質化はその機能面ではさらに顕著だった。神が祟りを下すものから、賞罰を司るものへと変身をとげたことは先に指摘した。その結果、中世にはいると神と仏は機能面ではほとんど差を見出せなくなってしまうのである。「仏神に祈る」という定式化した表現は、そうした神仏の等質化を前提として生じたものだった。

挙げ句の果てには、仏と神祇をひとまとめにして「神」と呼ぶ例さえみうけられる。

だれでもそのストーリーを知っている森鷗外の有名な小説に、『山椒大夫』がある。その原作は説経節といわれる文学ジャンルに属する『さんせう太夫』であり、成立は中世にまでさかのぼる。

図8 神像の出現は、それまで決してその姿をあらわにすることのなかった日本の神の、決定的な性格の転換を意味するものだった。（僧形八幡神像　奈良県　東大寺蔵）

姉安寿の我が身を犠牲にした手引きによって、山椒大夫のもとでの奴隷労働から脱出することに成功した厨子王丸は、ようやく丹後の国分寺まで辿り着いた。寺を取り囲んだ追手たちは、厨子王丸をかくまった寺僧に対し、彼の所在を本当に知らないならば「誓文」を立てよと迫るのである。

やむなく寺僧は、

「華厳に阿含・方等・般若・法華に涅槃」にはじまる七千余巻の経をあげ、「この神罰をあつく深く蒙るべし」と誓詞を述べた。だが追手はこれに納得しなかった。「そもそも誓文などというものは、日本国の高い大神・低い小神を勧請申しあげ、驚かしてこそは、用いるものである」と主張して、「日本の神」を勧請した起請を立てるよう求めるのである。その言葉を受け入れて、寺僧は改めて起請の言葉を述べた。ところがそこには、伊勢・熊野・石清水などの神々にまじって、「滝本に千手観音」「長谷は十一面観音」といった、仏（厳密にいえば菩薩）たちが名を連ねているのである。(8)

これらの仏は、伊勢・石清水といった名神と同列に捉えられる存在であるとともに、「日本の神」という範疇で違和感なく括ることのできるものだった。〈日本の仏〉の観念が、こうした神仏の等質化という現象と密接に関わって生まれてくるものであることは、十分に推測できることである。

第二節　起請文の宇宙

1　起請文とはなにか

私はこれまで、日本人というだけで無条件の加護を加える〈日本の仏〉の観念が、仏と神との等質化の進行のなかから生まれてきたものであることを指摘した。しかし、重要な疑問はまだ手つかずのままである。

平安時代の後半から、日本では中国への巡礼の旅がブームとなった。平安前期までの遣唐使に伴ったような国家的使節ではなく、商船などに便乗しての個人的な渡航であるところにその特色があった。寂照や『参天台五台山記』の作者成尋などが、その代表ともいえる人物である。最後に頼るべきものが〈日本の神仏〉でしかなかったとすれば、なぜかれらはわざわざ中国に渡らなければならなかったのであろうか。

もしすべての仏が〈日本の仏〉と化してしまっていたとすれば、こうした現象は説明のつかないものとなるであろう。どこかに〈日本の仏〉を超える仏が実在したと信じられていたからこそ、日本の神仏に飽き足らない人々は、それを求めて海外に出かけたのではなかろうか。どうもそうした仏の存在を明らかにすることが、この問題を解く鍵になりそうである。

さて、それではいかにすればそれらの仏を尋ね出すことができるのであろうか。私は先に起請文を取り上げ、そこに登場する仏がいずれも、神と違和感なく一括りできる〈日本の仏〉であることを指摘した。ところが起請文をよくよくみると、そこに決して姿を現わさない、あるタイプの仏たちがいるように思われる。どんな神仏が起請文に勧請され、なにが勧請されないのか。――こうした問題意識をもって、もう一度起請文を検討してみることにしよう。

起請文についてはこれまでも何度か触れたが、ここで改めて簡単に説明しておきたい。起請文とは佐藤進一によれば、「宣誓の内容は絶対に間違いない、もしそれが誤りであったら（すなわち宣誓が破られた場合には）、神仏などの呪術的な力によって自分は罰を受けるであろうという意味の文言を付記した宣誓書」(9)である。

起請文の具体例を、さまざまな古文書の書式を載せる『雑筆要集』から示そう。

敬白　起請文事

右趣旨は、某身において、彼事全く以て過犯せず、もし虚言申さしむれば日本大霊験熊野権現、金峯、両国鎮守日前国懸、王城鎮守大明神、六十余州大小神等の御罰を、某身の毛穴に蒙るものなり、よりて起請文件のごとし

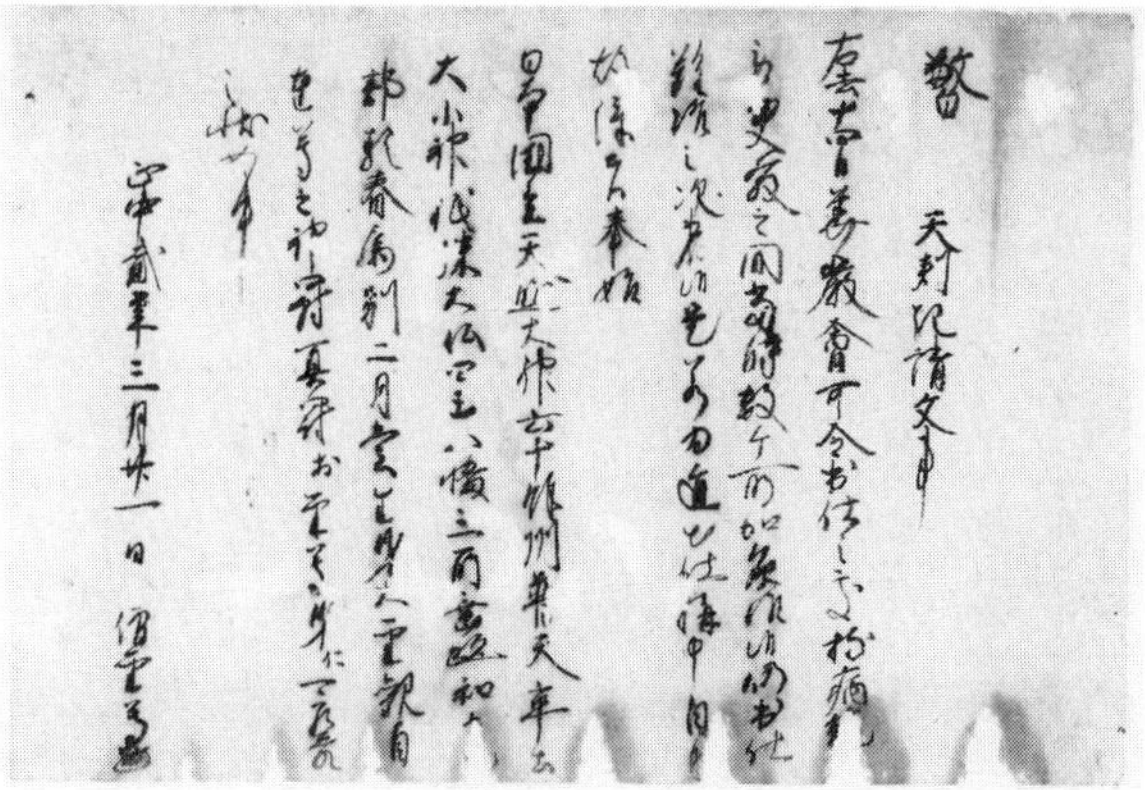

図9　日本国主天照大神、大仏四王、八幡三所、二月堂観音などの神仏が勧請されている。（「僧聖尊起請文」東大寺文書）

年号月日姓某　判[10]

遵守すべき誓約を述べた前半部分を「起請文前書」、神仏の勧請と呪詛の文言を記す後半部を「神文」という。この起請文についていえば、「まったく身に覚えはありません」という誓約が「前書」、「もしそれが嘘だったら熊野権現以下の神々の罰を受けてもいい」という部分が「神文」ということになる。

起請文の起源については諸説があるが、十二世紀頃には形式も整い、以後中世を通じて上流貴族・上層武士から僧侶・庶民に至るまで、身分・職業・性別を問わず膨大な数が作成された。それゆえ、起請文に勧請された神仏の名称や配列の分析は、一般論としても、中世人の神仏観を探るうえできわめて有力な情報を提供してくれるものと予想されるのである。

2　起請文の仏たち

起請破りを監視するために勧請される冥衆は、圧倒的に神が多い。『雑筆要集』所収の起請文にも仏の姿はみえなかった。中世の起請文全体を見渡しても、仏の数は神に較べればはるかに少ない。そこには、どのような仏たちがいるのであろうか。

その代表格といってよいものが東大寺の「大仏」である。大仏は東大寺の寺僧や寺領荘園住人の認めた起請文の罰文中に、次のような形でたびたび登場する。

以上の条目について、もし虚言を弄して事実無根のことを勝手に並べたてるようなことがあれば、大仏八幡を始め、惣じて六十余州普天率土の大小神祇冥道の罰を、連判に名を連ねたものの身の上に、それぞれ蒙るであろう。(11)（「山城国賀茂別府荘所役注進状」）

起請文に勧請される仏は大仏だけではない。ほかにもさまざまなタイプの仏が登場する。先にとりあげた『さんせう太夫』の起請文には、「滝本の千手観音」「長谷の十一面観音」がみえていた。これ以外に目についたものをいくつかあげてみよう。

久安四年（一一四八）の「三春是行起請文」には、「大仏」とならんで東大寺の「薬師如来・十二神将」が勧請されている。[12] 東南院の薬師如来像であろうか。二月堂の「生身観自在尊」を引いているものもある[13]（「快春起請文」）。

応保二年（一一六二）の「僧厳成起請文」では、八幡・賀茂・日吉らの神とともに、「石山観音」の名がみえる。[14] 長谷寺とならぶ観音霊場であり、紫式部が『源氏物語』を執筆したとされる石山寺の観音像であることはいうまでもない。

比叡山についていえば、貞応二年（一二二三）の「近江葛川住人起請文」に、「大講堂中摩訶毘盧遮那如来、根本中堂薬師如来、転法輪堂釈迦牟尼如来」といった仏たちが名を連ねている。[15]

ここに登場する仏・菩薩の種類はさまざまである。大仏・薬師仏・観音菩薩、そして釈迦如来――これらに共通する要素はいったい何であろうか。そのようなものが果たして存在するのだろうか。

こうした問題意識をもって起請文の神文を繰り返しながめていると、ふとある事実に気がついた。それは、これらの仏たちがいずれも仏像（彫像）として、日本国内の特定の場所に目に見える姿をとって存在するものだったという点である。

もう少し詳しく説明しよう。薬師如来は一般的には、この現実世界とは異次元空間にある東方の浄瑠璃世界の教主とされる。だがここに登場する薬師仏は、それとは違って、東大寺東南院や延暦寺根本中堂に安置された薬師如来像なのである。東大寺の大仏も蓮華蔵世界の教主盧遮那仏などではなく、大仏殿におさまったあの大仏以外の何物でもない。補陀落浄土にいるという観音菩薩もまた、実際に起請文に勧請されるのは長谷寺や石山寺の観音像であった。

ここから私たちは一つの仮説を導きだすことができる。——日本の神とともに起請文に勧請され人々を畏怖せしめる仏は、他界浄土にあってとりすました存在ではなく、彫像・絵像といった可視的な姿をもって、眼前に実在するものに限られるのではなかろうか。

そうした視点から改めて起請文の仏たちをチェックしてみると、例外なくその前に、仏像の所在を示す地名や寺堂名が明記されていることに気づかされる。固有の寺堂名が冠せられていない場合でも、「当山観音[16]」(海住山寺)、「当所不動明王[17]」(葛川明王院)、「当寺本尊薬師如来[18]」(大福寺)というように、どこの仏像であるかが一目でわかるような表現がなされているのである。

なかには「両界諸尊常住仏陀[19]」(金剛峯寺)というように、一見すると抽象的な仏たちが勧請されているようにみえるものもある。だがこれも、他の勧請仏がすべて具体的な彫像・絵像だったことを考えると、この起請文の舞台となった金剛峯寺に当時実際に所蔵されていた、両界曼荼羅に描かれた諸尊を念頭においている可能性が非常に強い。日本の神祇と等質視される仏は、目に見える姿をもって各寺院に鎮座する彫像・絵像に限られていたのではなかろうか。

この推測を裏付ける史料がある。次にあげる起請文は特定の場に結び付かない仏が登場する、きわめて珍しい例である。

もしかくのごときの制誡に違うことがあったならば、三世の諸仏、ことに釈迦・弥陀の冥助を蒙ることなく、永く無間地獄をもってすみかとなすことになってもかまわない。(「沙門深阿等連署起請文」)[20]

ここでは、仏みずからが手を染めて罰を下すとは一言も書かれていない。仏は罰を与えるのではなく、その本来的な機能である「救い」の力を行使しないことによって、結果的には敵対者を悪道に落とすとされているのである。

だがそれにしても、なぜ具体的な形を与えられた仏たちが、神と同一範疇の存在として把握されなければならないのであろうか。私たちはこの理由を探るためにさらに視野を広げて、日本の神祇と仏以外にどのような神々が勧請されているかを検討してみることにしよう。

3　聖霊と諸天

神祇と仏以外に、起請文に勧請された〈神〉はいないのだろうか。こうした問題意識をもって史料を繙いていくとき、真っ先に目につくものは過去の聖人や祖師の聖霊である。

そのうちでも比較的よくみうけられるものは、弘法大師空海である。弘法大師は、彼が開いた高野山金剛峯寺の関係文書の中に頻繁に登場する。たとえば元暦二年（一一八五）の「金剛峯寺下政所三方百姓等起請文」は、百姓たちが寺の堂衆の非法を黙認した場合、彼らの身に「大師・大明神・金剛天等の冥罰」が下るべきことを誓っている[21]。また、同じく高野山や東寺など真言系寺院の史料によくみられるものに、龍猛に始まり空海に至る「八大祖師」「八大高祖」がある。

宗派を問わずに広く勧請されるのは、聖徳太子である。聖徳太子は、「太子聖霊」といった形で神文に名を連ねている。日蓮宗関係では十四世紀に入ったころから、宗祖日蓮の名が現われるようになる。

これらの祖師・聖人たちはみな、死後比較的早い時期から、彼ら自身が信仰の対象となった人物であった。しかも、いずれもがみな浄土に帰ることなく、この国土に留まって護法神化していたと観念されていた。

空海が高野山で入定を遂げ、生前と同じ姿をもって入定窟に住していると信じられていたことは有名である。『栄華物語』では高野山に参詣した藤原道長が、眠るように禅定に入っている弘法大師の姿をまのあたりに拝したとされる[22]。日蓮もまた晩年に隠棲した身延の地に魂を留めると遺言したと伝えられており、その墓所は門弟たちの聖地と化していた。聖徳太子の場合、太子信仰は宗派を超えた広がりをもっていた。聖徳太子の未来記（予言の書）が、太子を祀る聖霊院のある四天王寺を発信源として、中世に広範に流布したことで知られるように、死後もこの世に影響をあたえ続ける存在とみなされていた[23]。そして、これらの聖人たちすべてについて多数の彫像・絵像が造られ、人々の熱烈な祈願の対象となっていたのである。

インド・中国の高僧を含む八大祖師だけはやや性格を異にするように見えるが、やはり絵像に描かれ信仰の対象となった点において、上記の聖人たちとの共通点を見出すことができよう。角大師の護符で知られる慈恵大師良源には、「満山の三宝を護るため、法門の遺跡を継ぐため、浄土へ往かず、なおわが山に留まる」[24]（『後拾遺往生伝』）という伝説が作り上げられていた。『梁塵秘抄』には、「大師の住所はどこどこぞ。伝教慈覚は比叡の山、横川の御廟とか。智証大師は三井寺にな。弘法大師は高野の御山にまだ坐します」[25]という歌が収められている。強烈な個性をもった聖人は死後も現世に留まり、監視の目を光らせ

図10　偉大な聖人に向けられた尊敬と畏怖は、やがてその人物個人に対する信仰を生み出していった。比叡山中興の祖として知られる良源もその一人だった。（良源像　延暦寺蔵）

図11　角大師・豆大師の護符（川越喜多院蔵）

ていると信じられていたのである。

このジャンルには天神・御霊なども加えてよかろう。ただし同じ霊でも、個人に祟りをなす邪霊のたぐいは絶対に勧請されなかったことは特筆に値する。すでに述べたように、御霊信仰の対象にまで祭り上げられた神霊と、邪気・モノノケは厳密に区別されていたのである。

神仏以外に起請文に勧請されたものの一つが聖人・祖師の聖霊であったとすれば、もう一つのグループは仏教とともに日本に渡来した、梵天・帝釈・四天王・十羅刹などのインド・中国の神々であった。

梵天・帝釈・四大天王、惣じては王城鎮守賀茂上下等の大明神、ことに別当寺鎮守八幡大菩薩の神罰冥罰を、良永の身体の毛穴ごとに蒙ってもかまわない。[26]（「大江良永起請文」）

このように梵天を筆頭として、以下帝釈・四天・日天月天と続く配列は、罰文におけるもっともポピュラーな形式だった。仏・菩薩・明王が一括して「仏」として把握されていたのに対し、天部に属するこれらの護法諸尊は、仏教受容後の比較的早い段階から「神」と呼ばれ、日本の神と同一範疇の存在として扱われてきたようである。初期の神像には、唐風の寛衣をまとった天部形のものが比較的多くみうけられるという。[27]日本の神々がしだいに仏法の守護神として位置づけられていったため、もともとその役割を担っていた天部の善神と、新たにそこに組み入れられた日本の神祇は、同じ機能を果たす「護法善神」として、抵抗なく融合の道を辿ったものと推定される。

以上、私たちは日本の神祇と形而下の仏以外に、起請文に勧請される存在として、聖人・祖師の聖霊と天部の諸尊があったことを確認した。これらすべてに共通する特色は、「あの世」にあるものではなく、この現実世界に実在する〈神〉だったことである。彼らはみな娑婆世界にあってつねに人々の動向に目を光らせ、その行為に応じて恩賞と罰を下す存在と考えられていた。人々を畏怖せしめ厳格な応報を下すという任務は、他界にいる取り澄ました仏たちでは遂行不可能だった。その役割を果たすものは、その存在を視覚的・感覚的にリアルに実感できるようなものである必要があったのである。

第三節　怒る神と救う神

1　浄土へ誘う仏

私たちは神と等質化していく〈日本の仏〉が、彫像・絵像という形をとって、此土の特定の地に鎮座するものであることをみてきた。起請文に日本の神々とともに勧請される仏も、そうした仏たちに限定されていた。それは逆にいえば、起請文に姿を見せない仏＝他界浄土にいると信じられた仏は、神とは別次元の存在と捉えられていたことを意味するのではなかろうか。

「他界浄土の仏たち」といったときすぐさま思い浮かぶのは、平安時代の後半から流行する浄土信仰の対象としての仏であろう。往生すべき浄土には、弥勒菩薩の兜率天、観音菩薩の補陀落浄土、釈尊（インドに生誕した釈迦の本地）の霊山浄土などがあった。けれどもなんといっても有名なものは、西方極楽浄土にいる阿弥陀仏のもとへの往生を願う阿弥陀信仰だった。この阿弥陀仏に、〈日本の仏〉とは異なる開かれた性格を見出すことはできないものだろうか。

結論からいえば、私はそれは可能であると思う。平安後期から盛んに編纂される往生伝には、天皇から無名の庶民、動物・昆虫にいたるまで、数多くの往生の実例が収録されている。そこには人種や出自や性別によって、往生に決定的な差別があるとする発想を読み取ることはできないのである。

この点を史料に即していま少し敷衍しよう。次にあげるものは、慶滋保胤の『日本往生極楽記』に収録された往生譚である。

伊予国越智郡の人、越智益躬は国の役人を務めていた。若いときから暮年に至るまで公務をおろそかにすることなく、また仏法の信仰にも熱心だった。朝には法華経を読み、昼は仕事に精を出し、夜は弥陀を念ずるというのが日課だった。在家のまま十戒を受けて、法名を定真と名乗った。臨終にあたってはなんら苦痛を訴えることなく、手に定印を結んだまま、念仏しながら西に向かって息絶えた。(28)

もう一つだけ紹介しよう。こんどは三善為康の『拾遺往生伝』からの引用である。

入道平円は信濃国水内郡の行人であった。二十五歳にして出家・受戒し、加賀国江沼郡の服部上人から真言の両部の法を学んだ。その後も他の経を読誦することなく、ひたすら両部の法だけを実践し続け、その功徳によって極楽に生まれることを願った。七十の歳に至って、壇の上に端座して、定印を結んで入滅した。(29)

この二人は結局極楽に往生できたとされているわけであるが、一見してわかる通り、往生を可能にした要因は同じではない。ただし、両者には一つの共通点がある。それは、往生のためにどのような「行」を積んだのかといった点は詳しく説明されていても、どの寺のどの「仏」に祈願したかという点には、まったく言及されていないことである。

これは往生伝に収録された、どの話についてもあてはまる。『日本往生極楽記』の中から、往生を願った人々が生前にいかなる善行を積んだかを示す部分を、無作為に抽出してみよう。

(1)、十余か年もの間山門を出ることなく、昼は金剛般若を読み、夜は阿弥陀仏を念じた。(30)(尋静)

(2)、一生摩訶止観を披見し続け、また常に阿弥陀仏を念じた。(31)(春素)

(3)、真言の法を受けて、三密に明るかった。法を受けてからは、長年にわたって、三時の念誦を一時も欠かすことがなかった。(32)(真頼)

(4)、深く仏法に帰依して、以後刺激の強い野菜や肉類を口にすることがなかった。役所勤めの間は法華経を誦した。臨終に及んで方便品を誦した。(33)(藤原義孝)

(5)、性格は穏やかであって、慈悲の心がとても深かった。常に極楽を慕って、念仏を称え続けた。(34)(女弟子藤原氏)

ここにも〈日本の仏〉への言及はみられない。(1)、(2)にみえる「阿弥陀仏」もおそらくは西方浄土のそれであって、特定の形而下の偶像ではあるまい。かりにそれが〈日本の仏〉だとしても、その所在や形状の特徴には触れられていない。これは、この当時の人々が往生の可否を左右する第一の要因と考えたものは、あくまで行者がいかなる「行」を実践するかという問題であって、此土のどの「仏」に祈るかは、それと比較すれば二次的な問題とみなされていたことを示している。

それは同時代の説話集において、現世利益の霊験譚が常に特定の寺の具体的な「仏」と不可分の現象として説かれていたことと、際立った対照をなしている。「わらしべ長者」のもとになった、『今昔物語集』所収の「長谷に参詣した男が、観音の助けに依って富をえたこと」という説話でも、関心の焦点は長谷寺の観音という、仏像の特定だった。その仏像に対してどのような行を積んだかという点については、「仏の御前を去ることなくして、昼夜を問わず祈念し続けていた」といった程度にしか触れられていないのである。[35]『今昔物語集』などの説話集ではまた、仏像の霊験を記した後の話末評語に、「その仏(観音)はいまもその寺にいらっしゃる。かならず詣でて拝むべきである」という形で参詣を勧める言葉が頻繁にみられる。[36] これもまた、現世利益の有無は祈願する仏像の選択が重要である、という考え方を背景にしたものであろう。

現世利益と往生浄土それぞれの場合について、「仏」と「行」とにくっきりと別れる人々の関心の相違は、いったいどこから生まれてくるのであろうか。それはおそらくは、彼岸の仏と此土の仏の担う役割がまったく別である、という観念に由来するものと考えられる。すなわちそこには、現世のさまざまな問題解決を担当するのがこの世界の形而下の仏であったのに対し、極楽へ導いてくれる主体は他界浄土の仏である、という当時の通念が存在していたのである。

極楽浄土の阿弥陀仏が此土の衆生引摂の担い手であるとすれば、この世界のどの仏に祈るかは所詮二次的な問題にすぎない。したがって往生を願うものの関心は、いかなる「行」を積むことによって西方浄土の弥陀により近づくことができるか、という一点に集中することになったのである。

もちろん、個々人のもつ権力や財力・能力によって、おのずから積みうる「行」の内容が限定されるため、すべての衆生にまったく平等に極楽の門が開かれていたなどと考えることは正しくない。法然が彼以前の浄土教を批判したのはまさしくその点だった。だが、特定個人の属する地縁・血縁が、そのままストレートに仏との関係を規定しない点において、西方浄土の阿弥陀仏は〈日本の仏〉とは明らかに性格を異にしているのである。

2　極楽往生と此土の仏

前節では、人々を往生させる主体は彼岸の阿弥陀仏であると考えられていたこと、それゆえ往生極楽を願う場合には、いかなる「行」を積めば弥陀の救いに与ることができるかという点に、関心が集まったことを述べた。ところが往生伝や説話集では、往生願生者が枕頭に阿弥陀像を安置し、その手と自分の手を五色の糸で結んで臨終を迎えたという記述がしばしばみられる。引摂の主体が彼岸の阿弥陀仏であるとすれば、此土の形而下の仏に往生を祈るというこの現象を、どのように理解すればよいのであろうか。

この場合、まず留意すべきことは、先に取り上げた『日本往生極楽記』などと同様、通常その仏像の素性には一言も言及されないことである。もし特定の仏像が極楽往生について絶対確実な力を持っていたとすれば、必ずその仏の由来や所在を詳しく記すはずである。念仏行者の言行を記した『一言芳談』は、賀古の教信についての、「西には垣も設けず、極楽と向かい合って、本尊も安置しなかった。聖教をもつことなく、僧でもなく俗でもない姿で、つねに西に向かって念仏して、その他のことは忘れ去ってしまったかのようだった」という言葉を載せている。極楽往生においてもっとも重要な要因は、かの浄土にいる弥陀との関係であって、「本尊」や「聖教」は必ずしも必要不可欠なものとは考えられていなかったのである。

だがそれにもかかわらず、往生に関して〈日本の仏〉にある役割が認められていたことは疑いない。そうでなければ、だれも五色の糸を握って往生を祈ったりはしないであろう。その役割とはなんだったのであろうか。

そこで見てほしいものが次の史料である。

(1)、大法師順源は鎮西の安楽寺の僧であった。一応学業には携わるものの、修行嫌いの破戒坊主で、ついに娘を妻とし、人の非難にも耳を貸すことがなかった。毎日一室に閉じこもって数刻の時間を過ごす習慣はあったが、何をしているのか他人にはまったくわからなかった。

臨終の時に及んで、この順源が溜息をついて、「残念至極だ。まだ来ない。まだ来ない」とつぶやいた。傍らでこれを聞いた人は、ついに狂乱してしまったか、と思った。ところがしばらくすると、こんどは一転して歓喜し、何かをしきりに礼拝しながら、「約束どおり来てくれましたな」といいだした。

安秀上人がその理由を問うと、「年来毘沙門天と、臨終の折りに極楽へと導いてくださるという約束をかわしていたが、いまここに姿を現わされた。だから喜んでいるのだ」と答えた。順源はこの後合掌して西に向かい、念仏して息絶えたという(38)。(『拾遺往生伝』)

(2)、義尊上人は比叡山横川の修行僧であり、後には西山の善峰寺に住んだ。穏やかな人柄で、坐禅を好み法華経を暗唱し、九年間もの無言の行に挑戦したこともあった。丈二尺の地蔵菩薩像を造り本尊としていた。

ある夜、この像が自分を背負って、西を指して行く光景を夢に見た。荒野を過ぎるときに、足がいばらに触れて痛んだ。そこで義尊は像に、もう少し体を持ち上げて、足が地面を引きずらないですむようにしてくれ、と頼んだ。すると像は、こうなったのも、もともとはあなたが私を小さく造ったのが原因なのだ、と答えた。
義尊は後に、あらためて三尺の像を造った。[39]（『後拾遺往生伝』）

これらの説話のなかに、行者が生前造立したり帰依したりしていた仏像が、彼を娑婆世界から他界浄土へと導く案内人の役割を務める、という観念を読み取ることができる。さらにまた、神々に往生を祈るという説話も、中世にはしばしばみうけられた（次節参照）。〈日本の仏〉と神々の主たる任務は、あくまで此土での現世利益と賞罰を司ることにあった。だが、かの神仏の役割はそれだけではなかった。此土の神仏は娑婆世界と彼岸浄土を結ぶ位置にあって、浄土への道案内の仕事を果たすこともあったのである。

3　本地垂迹の真相

中世にみられた、此土の神仏と彼岸の仏という二種類の超越者は、現世での賞罰と彼岸への往生という異なる役割を分担していた。両者は教理的にはどのように関係づけられていたのであろうか。その二者を結ぶものが本地―垂迹の論理であった。

平安時代の後期から、日本の神の本地として仏を措定する本地垂迹説が流行することはよく知られている。本地垂迹説は一般的には、インドの仏が神の姿をとって日本に出現したとする思想と説明されている。しかし、私はこれについては違う見方をしている。

私はこれまで、中世の神仏のコスモロジーは、彼岸の仏と此岸の神仏という二重構造をなしていることを述べてきた。本地垂迹とは、狭義の神と仏の関係のみに留まらず、此土の神仏を、他界の仏がこの世の衆生を救いとるために具体的な姿をとって出現したものとみなす思想だったのである。

古代・中世の説話集には、仏像が霊験を示す話がたびたび登場する。『今昔物語集』は、聖武天皇の時代に弥努《ちぬ》の山寺にあった観音の木像が、火災のときにひとりで避難した話を載せている。これは『日本霊異記』の説話に基づくものであるが、『今昔物語集』は最後に、「菩薩は形を現わすことなく、思慮を超え目にもみえず、その香をかぐこともできないが、衆生に信心を起こさせるために霊験を施されるのである(40)」という評語を加えている。もともと仏菩薩は人間の覚知できるような存在ではなかった。しかし、人々にその霊異を示すために、具体的な姿をとってこの世に現われたというのである。この説話を通じて、日本の個別の仏たちの背後に、より普遍的な仏身が存在するという観念があったことを窺い知ることができる。

他方、卓越した霊力を有する聖人や祖師についても、古代・中世には彼らを仏菩薩の垂迹とする見方が一般化していた。聖徳太子が観音菩薩の垂迹だとする信仰は有名である。また、強烈な個性をもった鎌倉仏教の祖師たちも、その本地は仏菩薩であると信じられていた。親鸞の妻恵信尼はその書簡で、法然の本地が勢至菩薩、親鸞のそれが観音菩薩であるという夢をみたことを記している。法然の場合は、本地が阿弥陀仏であるという説も広く流布した。日蓮の教団では、日蓮は上行菩薩の再誕であると考えられていた。

『融通念仏縁起』は、良忍の融通念仏勧進に応えて、梵天・帝釈天・持国天などの諸天、「龍樹菩薩等諸弘経大士」、伊勢・宇佐・日吉などの神祇が結縁に加わったことを記した後、次のように述べている。

いま末法の世に及んで、小国辺土ではあるけれども、日本我が朝において、良忍上人が他力念仏を勧進なされたとき、三界のあらゆる天王・天衆がみなこの念仏を讃嘆称揚して、それぞれに結縁なされたことは、諸仏みずからがほめたたえられたことと少しも変わるものではない。かの仏は本地極地の如来、これらの諸天は垂迹和光の応身である。本地垂迹の違いはあるといっても、衆生を勧化しようという志はまったく同じである。(41)

彼岸の阿弥陀仏＝「本地極地の如来」に対し、前述の梵天以下の諸天・祖師・神祇は、一括して「垂迹和光の応身」と呼ばれている。

こうしてみると、起請文に勧請される日本の〈神〉には、神祇はもちろんのこと、仏の彫像・絵像から諸天・祖師たちに至るまで、その背後に「本地極地の如来」＝悟りの世界の仏たちがあったといえるのではなかろうか。本地―垂迹という発想は、中世にあっては仏と日本の神祇を結ぶだけの役割を果たしていたのではない。より広く、此土の神仏と彼岸の仏をつなぐ紐帯となっていた。それゆえ、本地―垂迹の関係は、必ずしも仏―神の区分と対応するものではなかったのである。

ここにおいて、中世の冥界の構造を分析するに際して、「神」と「仏」という二分法がほとんど意味をなさないことは明らかであろう。それゆえ私たちは、〈神〉という言葉を神・仏・諸天・聖霊など人間を超えた存在すべてを包摂するものと解釈した上で、以後、他界にあって来世・次生の救済を事とする仏を〈救う神〉、此土にあって賞罰を司る神仏を〈怒る神〉と定義することにしたい。神―仏という区分よりは、救済を使命とする彼岸の仏＝〈救う神〉と、賞罰を行使する此土の神仏＝〈怒る神〉という分類の方が、当時の人々の実感に即した冥界の区分だったのである。

第四節　神々の変身の背景

1　仏教的世界観への嵌入

私たちは前章で、古代では「祟り」を本質的属性としていた神が、中世にはいると「賞罰」を司る存在とされたことをみてきた。古代から中世への転換の過程で、神々の性格が大きく変容する理由はどこにあるのだろうか。

ここまでの考察で、その答えは明らかであろう。神々に変貌をもたらした最大の原因は、仏教的世界観の普及とその中への日本の神祇の組み入れだった。

六世紀における日本への伝来以来、仏教は着実に日本社会へと浸透し、飛鳥・天平・貞観といった仏教的色彩の強い文化を生み出していった。他方、仏教はより根源的次元で、人々の意識と世界観に影響を与えていった。その代表的な例が、本地垂迹説の流行である。神々を仏の垂迹とみる本地垂迹説は平安後期から出現し、やがてほとんどすべての神について、具体的な本地仏が比定されるようになった。すでに述べたように、私はこの理論を単に仏と神とを結び付けるものとはみない。人間が容易に認知しえない彼岸世界の仏と、この現実世界にある神や仏との結合の論理であると考えている。

彼岸の仏は、此土の人間を救済することを究極の目的としていた。だが西方浄土の阿弥陀仏をはじめとするそれらの仏たちは、濁悪の世に生きる衆生にとっては余りにも縁遠い存在であった。そこで仏は衆生救済のために、仮の姿をとってこの世界に降誕した。それが日本の神々であり、堂社に鎮座する彫像・絵像であり、さらにまた幾多の高僧たちであった。

まことに仏が神としてこの世に垂迹されなかったならば、悪事ばかりをこととする者たちは、いったい何を拠り所としてわずかばかりの仏縁を結ぶのだろうと考えるにつけ、神前の榊や幣帛をはじめ、巫覡《ふげき》の打つぎこちない鼓の音までも、みな衆生を仏道に引き入れるための手だてであると、心底ありがたく思われることである。だとすれば、現世におけるもろもろの願望を祈っても、所詮それらは人々を仏道に向かわせる仮の方便にすぎないとお示しになるだろう。だが生死の迷いを離れることを真剣に祈るに及んでは、どうして衆生を悟りの世界に引き入れようという仏の本懐を現わされないことがあろうか(42)。(『発心集』)

この言葉に端的に示されるように、神々は賞罰の威力をもって衆生を仏法に結縁させ、最終的には彼岸へ導くことを目標としていたのである。

そのことをより端的に示すと思われる説話が、『沙石集』に収められている。冒頭の

「出離を神明に祈る事」(43)がそれである。

三井寺の長吏公顕僧正は顕密の学に通暁した学僧で、深い道心で知られた人物だった。あるとき高野山の明遍はその行儀を学ぼうと、善阿弥陀仏という高野聖を遣わしたことがあった。公顕は訪ねてきた善阿弥陀仏を建物に招き入れ、よもすがら後世のことなどを話し合った。

その翌朝のことである。起きだした公顕は神事に用いるような白の浄衣を身にまとうと、幣を手に持ち、部屋の一隅にある帳に向かって何やら不思議な作法をはじめた。それが三日も続いた後、いぶかしい思いに堪えかねた善阿は、ついにその所作の理由を尋ねた。

よくぞ聞いてくれました。私はかねがね顕密の仏法を修学して出離の道にしようと願っていましたが、残念ながら自力ではそれを成し遂げられそうもありません。そこで都の中の大小の神祇はいうに及ばず、日本国内のあらゆる神の名を書いてこの一間の場に勧請し、その力によって出離を遂げようと思っているのです。

思えばわが国は末法の粟散辺土です。たけだけしい気性をうけた衆生は、簡単に仏法を信じようとはしません。そうした人々を救うために仏が姿を変えて現われたのがほかならぬ神なのですから、その神に祈ることがいまの時期の私たちにとって、解脱への近道なのです――。

公顕はこのように答えた。この世界にある神々とは、末法辺土の悪人を折伏して仏道に導きいれるために、仏菩薩が時期相応の姿をとって迷いの世界に垂迹したものにほかならなかったのである。

神々の変貌はこうした彼岸―此土のコスモロジーの形成に伴って、その中に此土の〈怒る神〉として組み込まれることによって生じたものと推測される。〈怒る神〉の役割は衆生を真の信仰に目覚めさせ、仏法へと結縁させることによって究極の救いへと導くことにあった。神はそれ自体が至高の存在ではなく、仏法の高揚という崇高な使命に奉仕することにおいてのみ、その存在が肯定された。その威力も神自身のためではなく、人々を覚醒させるために用いるべきものだったのである。

2 荘園制社会と神仏

ここに至って神は、不可測の意思を場当たり的に押しつける〈命ずる神〉ではもはやありえないことは、明確であろう。神はいまやその聖なる使命を実現するためにのみ、賞罰の力を行使することを許された存在となったのである。

その際、賞罰の基準となる「信・不信」の内容が、純然たる宗教的レベルの問題に留まらなかったことは留意する必要がある。

中世的コスモロジーの完成する院政期は、官寺・官社としての寺社が国家の拘束を離れて、自立した荘園領主への道を歩き始める時期にあたっていた。国家の庇護のもとにあった寺社が独り立ちを余儀なくされたのがこの時代だった。荘園や御厨の集積は、中世的存在へと寺社が脱皮していくうえで避けることのできない課題だった。寺社はこの課題に応えるべく、田地や金銭の寄進を仏法への結縁と位置づけ、その宗教的意義を積極的に宣伝していった。またひとたび寄進された田畑については、それを寺社の本尊や守護神の支配する土地（「仏土」「神土」）と規定した。そして、その地が神仏を根本領主とする聖地であるがゆえに、年貢や公事の貢納が神仏への宗教的な善行にほかならないことを強調していくのである。(44)

年貢・公事が神仏に対する宗教的奉仕と規定されたことは、その拒否がとりもなおさず神仏への敵対を意味することになった。そのため寺社側は、荘園の住人や近隣領主が年貢を出し渋ったり境界を侵犯した場合には、神仏に対する敵対行為であるとしてそれを厳しく責め立てた。さらに、違乱者に対しては、神仏の下罰を表に立てて脅迫を加えていくのである。

これは世俗支配の宗教化であると同時に、宗教の世俗化にほかならない。こうした状況が広く進行する中世では、護法神としての日本の神に与えられた信心の覚醒という使命も、著しく世俗的な意味を付与されることになった。

次の資料をみていただきたい。

もしまた後になって譲与の事実があるなどといいだして、寺役を拒否するような非住僧が現われた場合には、顕には当寺の座主が、冥には清滝大明神が、必ずや罰をお下しになるであろう。(45)（「醍醐寺政所定文案」）

荘官百姓らのうち、後の時代になって、みだりに訴訟を起こし、寺家の命令に従わず、乱行を好むようなものが現われたならば、遠くは両界諸尊ならびに大師明神の罰を、近くは当御荘鎮守八幡大菩薩、ならびに御荘内大小諸神の罰を蒙ることであろう。(46)（「鑁阿下文」）

ここでは「不信」＝「罪」に対して罰が下されるであろうことが説かれているが、その具体的内容は「寺役を拒否」、「寺家の命令に従わず、乱行を好む」といった言葉に示されるように、労役拒否をはじめとする寺への敵対行為にほかならない。神が懲罰の機能を行使するケースは、多くの場合、世俗的レベルでの寺社の支配への反抗がなされたときだったのである。

これを古代の祟りの場合と比較すると、両者の相違は際だっている。祟りにおいては当初その原因は明らかではなく、卜占によってはじめて神名と祟りの理由があかされるという構造をとっていた。後代になるにつれて祟りの原因がしだいにパターン化していくことは先に指摘したが、それはほとんどの場合、神木の伐採、神域や山陵の汚染といった宗教的タブーの侵犯ともいうべきものであった。そうしたタブーの侵犯行為は、しばしば「穢」という言葉で表現されていた。

『続日本後紀』承和十一年(八四四)十一月四日条は、人々が鴨川上流の北山で獲物の死骸を洗うために川が汚染され、賀茂の神が「汚穢の祟り」を起こすので、それを停止するよう求めた賀茂上下社の要請を載せている(47)。

古代の祟りから中世の罰への転換は、〈命ずる神〉による不可測の意思の押しつけから、〈応える神〉による厳格な応報へ、といった変化に加えて、その原因にも決定的な変容があった。純然たる宗教的レベルでのタブーの侵犯=「穢」から、世俗的レベルにおける寺社への反逆行為=「罪」への転換がまさしくそれだったのである。

3 神の中世・仏の中世

私たちはこれまで、神仏に対する観念が古代から中世にかけてどのように変化したかを考察した。

かつて祟りとは、神がその意思を人々に伝える手段であり、仏をも含めた広義の「カミ」のもつ本質的属性そのものだった。そうした観念に最初の変化が訪れるのは、平安時代のはじめだった。神の行使する祟りの機能のうちの厭うべき側面だけがしだいに分離・増幅され、怨霊流行の風潮の中で死霊の観念と結び付いて、邪気・霊気・モノノケといった邪霊を生み出していくのである。

祟りの主役の座を奪われた古来の由緒正しき神々は、十一・十二世紀を転機として、祟りよりはむしろ罰を下すものと観念されるにいたる。かつて神は、一方的に不可測の意思を人々に押しつける存在〈命ずる神〉であった。ところがこの時機を境に、神はあらかじめ人になすべき基準を示し、賞罰をもってそれに厳格に対応するもの〈応える神〉と捉えられるようになった。中世的な神々の誕生である。

こうした神の性格変容の背景にあったものは、仏教的世界観の普及とその内部への神々の嵌入であった。かつて祟りを下す存在として仏と同レベルにあった日本の神々は、仏法の守護神として彼岸の仏の下に位置づけられるとともに、本地垂迹説によって仏が此土の衆生救済のために姿を現わしたものと規定された。神は厳しい賞罰の力を行使することによって、人々の目を正しい信仰へと向けさせる使命を負ったものと考えられたのである。

他方、仏教についていえば、仏は伝来当初から祟りをなす異国の神として、日本の神と同じレベルで把握されていた。ところが平安時代後期から浄土信仰が流行し、他界浄土の観念が昂揚するにつれて、此土に実在する仏像とはまったく次元を異にする、救済主としての彼岸の仏の存在がクローズアップされてくる。その結果仏の世界は、衆生の救済を司る他界浄土の仏と、賞罰の力を行使することによって人々をそれらの仏に結縁させようとする此土の仏、という二重構造をなすに至る。

その際、後者の仏は必ず彫像・絵像といった形で、目に見える姿をとって存在するものでなければならなかった。それらの仏は日本の神祇や祖師などとともに、彼岸の仏の垂迹として位置づけられた。こうした重層的な神仏のコスモロジーの成熟に、私たちは「神仏の中世」を見出すことができるのではなかろうか。

4　神国思想の実態

中世の神仏関係を論じてきて、どうしても触れておく必要があるのが、有名な神国思想である。

神国思想は戦前には、他国に対する日本の優越の根拠として盛んに喧伝されたものである。日本が「神国」「神州」であるとするこの思想は、大日本帝国の海外侵略を正当化する役割も果たした。戦後になるとさすがにこうした露骨な日本至上主義は影を潜め、神国思想は生きたイデオロギーというよりは客観的な学問の対象とされるに至っている。

神国思想についての学問的レベルでの研究の進展は、この思想について一つの強力な通説を生み出した。それは神国思想は、平安後期から広まった仏教的世界観に基づく末法辺土意識を前提にして、それを克服するために説き出されたというものである。

仏教には仏滅後、正法・像法・末法という三段階を経て、仏の教説がしだいに消滅していくという思想があった。いわゆる「末法思想」である。また、仏教はこの現実世界について独自の世界像をもっていた。世界の中心には須弥山がそびえ、それを同心円状に取り巻く山脈の外側には、東西南北四つの大陸が広がっていた。こうした世界像からすれば日本は、南の大陸（南閻浮提）の東北に広がる大海中にある、粟粒のごとき辺境の小島に過ぎなかったのである（辺土思想）。

末法思想についていえば、日本では永承七年（一〇五二）を入末法第一年とする見方が主流となった。末法思想の流布に伴うネガティブな現実認識は、日本が釈迦の生まれたインドからはるかに離れた辺土であるとする意識をも深化させる原因となった。これ以降、日本を末法辺土の悪国であるとする認識は、広く当時の人々の心を捉えていくことになる。

こうした否定的な自己認識を転換させるきっかけとなったのが蒙古襲来であった。蒙古襲来という未曾有の国家的危機は人々のナショナリズムを呼び覚まし、やがて日本を至上視する神国思想が昂揚するのである――。

私は通説の描くこうした図式は根本的に誤っていると思う。ここでは、南都を代表する貞慶という仏教者が書き残した『愚迷発心集』という短い著作を手掛かりとして、これまで述べてきた末法思想と神仏の役割との関係の整理を兼ねながら、この問題を考えてみることにしよう。

『愚迷発心集』に一貫してみられるのは、「濁世末代」＝末法の世に生を受けたことに対する狂おしいまでの危機意識である。

仏前仏後の中間にあたる無仏世界に生まれ、迷いを絶ち切って悟りを開く因縁もなく、粟粒を散らしたような小国に住んで、上求下化の菩薩の修行もままならない。悲しんでもまた悲しいことは、仏の在世に漏れたるの悲しみである。恨んでもさらに恨めしいことは、苦海に沈んでしまった恨みである。まして我々は、無限の過去より以来今日に至るまで、厚く煩悩にまとわれ、すでに十方無数の仏国に嫌われた者であり、罪障はさらに深くして、いままた五濁に覆われたこの辺土に来てしまった(48)。

このような悪世悪処にめぐりあわせたからには、「常に地獄にいること、あたかも遊園に遊ぶようである(49)」という命運は必定だった。

それでは、こうした世界に生を受けてしまった貞慶のような人間には、どのような救済の道が残されているのであろうか。この点について、貞慶は次のように記している。

何と悲しいことであろうか、我が身に無上の仏種を備えながら、自分と仏があたかも別の存在であるかのように錯覚して、無始無終の凡夫として、いまだに悟りを開くべき時期をまったく知らないままでいる(50)。

貞慶は、人はだれもが本来、この上なく貴い「仏種」(悟りの可能性)を胸中にもちながら、それを自覚できないまま煩悩の世界を流浪している、と説くのである。法相宗の貞慶が「悉有仏性」的な言辞を述べるのは、また別の次元で興味深いことではあるが、それはさておき、彼がこうした人間観をいだいていたことは見逃せない。貞慶はそれを踏まえ、末法の衆生にふさわしい救済として以下のような方途を提示する。

かの仏菩薩は、五濁悪世に生きる我らを救うために、もっぱら大慈大悲の誓願を催され、かの清浄なる浄土の中から出て、恐れ多くも穢悪充満のこの穢土に姿を現わされた。そのあらたかな感応利生は眼に遮り、耳に満ち、霊神験仏はここに在り、かしこに在られる。しかし、我々はといえば起こすべきの一念の道心をも請おうとはせず、弔うべき二親の菩提をも祈ろうとはしない。(中略)私はいま進んで道心を請おう。仏の心と祈る私の心がもし相応したならば、どうして霊験が現われないことがあろうか。いくら祈っても納受されることがなければ、だれが仏の大悲の願を仰ぐであろうか。もし祈りに誠意がないときには、当然のことながら感応もない。もし誠意が込められているときには、どうして仏の利益がむなしいことがあろうか。かの自利・利他の二利の要義を思うに、問題はただ一念の発心が可能か否かにかかっているのだ。(51)

貞慶は、末法であっても仏菩薩の霊験は顕著なものがあり、「道心」を起こすことによって必ずや「利益」をえることが可能であると主張するのである。

それにしてもここで注目されるのは、末法における「発心」の具体的内容として「霊神験仏」への信仰があげられていることである。仏はまだわかる。なぜ神への結縁が救済へと結び付くのであろうか。

私は先に、神仏のコスモロジーをめぐる中世人の観念は二重構造をなしていたことを指摘した。私たちがその存在を容易に認知できない彼岸の仏菩薩と、その垂迹としての此土の神仏である。これらの神仏の間では、前者は衆生の最終的な救済を担当し、後者は賞罰の力を行使することによって人々と彼岸の仏の間をとり持つ、という役割分担ができあがっていた。目前に実在する「霊神験仏」が、末法の衆生を救うために「法性の都」を出て「和光同塵」したものであるとする『愚迷発心集』の主張が、こうした世界観を前提としていることは明らかであろう。

それゆえ末法に生きる我々は、直接彼岸の仏にすがるよりも、それらの仏が時機相応の姿をとって垂迹した身近にある神仏に結縁することが、救済へのもっとも近い道のりとなるのである。「霊神験仏はここに在り、かしこに在られる」という言葉は、そのことを主張するものであった。

このような論理構造のもとでは末法悪世の強調は、既存の神仏への不信ではなく、逆に目の前に実在する神仏への信仰をいよいよ促すことになるのは明らかであろう。末法思想は末法相応として神仏の霊験を宣揚していくうえで、不可欠の前提だったのである。

こうしたタイプの末法思想は、中世の顕密仏教において盛んに主張された神国思想と何の矛盾もなく両立するものだった。

わが朝は神国である、神道を敬うことを国の勤めとしている。謹んで神々の本地を尋ねみるに、いずれも諸仏の垂迹でないものはない。[52]（『延暦寺大衆解』）

葦原中つ国はもとより神国である。かの宗廟大社の霊神も、多くは諸仏菩薩の権化である。[53]（「春日大明神発原文」）

わが朝は神国として仏菩薩の化身が迹をお垂れになった。[54]（『沙石集』）

これらの言葉が示すように、中世的な神国思想とはそもそも、「末法辺土の衆生を救うために垂迹した神々が存在するゆえに神国である」という主張を柱とする論理にほかならなかった。

神国思想は末法辺土思想を克服するという課題を負って登場したのではない。中世においては、むしろ末法辺土の意識は神国思想と表裏一体の関係をなして、末法における神々への信仰を支え促す役割を果たしていたのである。[55]

第三章　コスモロジーの変容

第一節　中世的コスモロジーの形成

1　冥界の二重構造

日本の中世には二種類の範疇の神仏がいた。彼岸にあって衆生の究極的な救済を司る〈救う神〉と、その垂迹として娑婆世界＝此土に出現し、賞罰の力を行使することによって人々を〈救う神〉へと結縁させる〈怒る神〉である。

〈怒る神〉の中には、日本の神々をはじめ、形而下の仏や祖師・諸天までが含まれていた。中世に生きた人々にとっては、神―仏という区分よりも、目に見えない彼岸の仏とその存在を実感できる此土の神仏といった区分の方がはるかにわかりやすく、またなじみ深いものだったのである。

神と仏との間に一線を画する現代人の視界には、こうした分類は入りようがないものであった。神―仏という二分法を前提とする従来の神仏交渉史は、こうした領域に踏み込むすべをもたなかったのである。

もちろん、中世においても、神―仏という区分の仕方があったことは事実である。しかし、その区分の内容は、現代におけるそれとは根本的に異なっていた。私たちはこの世に存在するさまざまな超越者を分類するときに、神と仏の間にもっとも太い線を引くが、中世人はそうではなかった。神仏の区分以上に、彼岸の〈救う神〉と此岸の〈怒る神〉の間に引かれる線の方が、はるかに根源的で重要な分類の指標と考えられていたのである。

さて、ここで一つ新たな疑問が生じてくる。中世では神仏が大きく二つの範疇に分けられていた。それぞれの範疇には数多くの神仏が含まれていたが、それらの神仏の相互の関係はどのようになっていたのであろうか。すべてが同格の存在と考えられていたのだろうか。

本章ではこうした疑問を念頭に置きながら、神と仏の変容の果てに生み出されたこれら二種類の範疇の〈神〉が、総体としてどのような構造をとって、中世的なコスモロジーの全体像を形成していたかを明らかにしたい。またそうしたコスモロジーが、古代のそれとどのように異なるのかといった問題も検討してみたい。

考察をはじめるにあたって、まずみていただきたいものが次の史料である。

仏子等至心合掌稽首和南、三世十方尽虚空遍法界諸仏如来・応正等覚・諸大菩薩・摩訶薩埵・諸大明王・忿怒聖衆・一切声聞・辟支仏衆・梵王・帝釈・四大天王・十二大天・二十大天・二十八宿・日月五星・諸宿曜等・大黒天神・大弁才天・大吉祥天・大聖歓喜天・散脂大将・二十八部・鬼神大将・一切護法・天王・天衆・諸善神王、更復稽首当山講堂大日如来・弥勒慈尊・大悲観音・梵釈・四王護法聖衆、根本中堂薬師如来・日光・月光・遍照菩薩・大聖文殊・毘沙門天・十二将・海会聖衆、東西両塔楞厳院中諸堂諸坊三宝聖衆・山王三聖・王子眷族・山内諸有護法聖衆、更復鷲覚八幡・賀茂・松尾・稲荷・平野・大原野・春日・住吉等諸大明神、祇園天神・天満天神五畿七道権実諸神、七暦聖霊・光帝聖霊、代代世世諸御霊等、更復帰命震旦国中南岳・天台・章安・妙楽等諸大師、善無畏・金剛智・不空・一行・恵果・法全、我山最初伝教大師・慈覚大師・顕密伝燈諸尊師等、三業一心に敬白して申す。(1)(「北嶺修験行者起請文」)

これは葛川明王院を拠点とする、比叡山の行者によって作成された文書の一部である。起請文と名づけられてはいるが、この部分はむしろ啓白文の書き出しに近い。啓白文とは何事かを誓うにあたってあらゆる神仏を呼び寄せ、それらの照覧を求めるものである。勧請された冥衆が直接罰を下すことを前提としないだけ、起請文よりも多彩な神仏が見られることが多い。

この史料の成立は永和二年（一三七六）とやや下るが、これと似たパターンの文言が延慶三年（一三一〇）の「興円起請文」(2)にも載っており、鎌倉期から南北朝期にかけて比叡山周辺において定型化していたものと推定される。

ここにはじつに多彩な神仏が名を連ねている。一見無秩序に見えるそれらの神仏の配列に、何か原則はあるのだろうか。——そう思ってよくよくこの史料を観察してみると、神仏がいくつかのグループに分けられていることに気づかされる。

「三世十方尽虚空遍法界諸仏如来・応正等覚」は、仏たちである。仏とは最高の悟りを開いた存在であり、仏教における究極の理想者とされる。次の「諸大菩薩・摩訶薩埵」は菩薩のグループである。すでに悟りを開いた仏（覚者）に対し、菩薩とは一般的に成仏を目指して修行中の存在をいう。「諸大明王・忿怒聖衆」は忿怒形（怒りの表情）をした明王であり、不動・降三世などがこれに含まれる。

「一切声聞・辟支仏衆」は、小乗の悟りを達成した（目標とする）縁覚と声聞のことである。この二者は「二乗」とよばれ、大乗仏教では自己の救済（＝自利）だけを願うものとして、人々の救いのために尽力する（＝利他）菩薩の一段下に位置づけられる。「梵王・

帝釈」から「一切護法・天王・天衆・諸善神王」までは天部の神々であり、仏教の守護神たちであった。

これを整理してみよう。仏—菩薩—明王—二乗（声聞縁覚）—天、という順で配列されていることがわかる。これは明らかに仏教的な世界観に則った序列である。

もう少し詳しく説明しよう。仏教では世界を、仏を頂点とする菩薩・縁覚・声聞・天・人・修羅・畜生・餓鬼・地獄の十の段階に区分している。このうち仏から声聞までは「四聖」とよばれ、悟りの世界とされた。これに対し、天以下の六つの世界（六道）は迷いの世界であった。十界を、それぞれ実体ある別個の世界と捉えるものから、人間の内在的な心のあり方（「サラ金地獄」「有頂天になる」といった用法に通ずる）とみるものまで、宗派によってその理解に幅はあるものの、右の区分自体はほぼ承認されている。先の文の場合、途中に明王が加わってはいるが、その序列がこの十界論に対応したものであることは明白であろう。

さて注目すべきは、天部の諸尊の次位に、講堂・根本中堂・転法輪堂といった、比叡山の諸堂に安置された仏像群が勧請されていることである。さらにその後には、八幡・賀茂をはじめとする日本の代表的な神々が続き、南岳・最澄といった中国・日本の祖師たちが名を連ねているのである。

これらがあの世にある救済者＝〈救う神〉ではなく、この現実世界に実在する〈神〉＝〈怒る神〉として一括して捉えられ、諸天とともに起請文に勧請されるような存在であることは、前章で述べた。天部に続くその席次と、迷いの世界における〈怒る神〉としての役割から考えて、これらの諸聖は中世的コスモロジー総体のなかでは、仏教の十界中の天界に相当する位置に置かれていたものと推測される。他界的存在である四聖がもっぱら救済機能を担当していたのに対し、迷いの世界（六道）である娑婆世界に住する諸天以下の〈神〉は、賞罰を駆使して人々を仏道へと導き入れる役割をになっていたのである。

2　〈日本の仏〉の位置

先の葛川の行者の啓白文にみられる仏神のヒエラルヒーが例外的なものでないことは、次の北条泰時の啓白文からも裏付けられる。

娑婆世界南贍部州大日本国従四位上行左京権大夫平朝臣泰時敬白、真言教主大日如来・十方三世一切諸仏・大慈大悲地蔵菩薩・地前地上諸大薩埵、声聞縁覚諸賢聖主・梵天帝釈四大天王・諸天北辰北斗・七曜九曜・十二宮神・二十八宿・本命元辰・当年属星・内宮外宮大小星宿、別してはまた焔魔法王・泰山府君・司命司禄・五道大神・百部鬼王・天神地祇・年中行疫神、ならびに部類眷属らに謹んで申し上げる。(3)（以下

略）

天部の下に北辰北斗などの星宿や閻魔・泰山府君などの神々が加わっているが、四聖―天部―日本の神祇という基本的な序列に変化はない。起請文における〈怒る神〉はこうした世界観を前提としつつ、天部の諸尊とそれ以下の娑婆世界の〈神〉によって構成されていたのである。

なお、ここでひとつ指摘しておきたいことがある。天部の諸尊と日本の〈神〉は同レベルの存在として捉えられながらも、両者の間にははっきりとした上下の関係があったことである。たとえば、次の史料をご覧いただきたい。

南無、日本、大小の神祇、ただ今、勧請申し奉る。まず、上は、梵天帝釈、下は、四大天王、下界の地には、伊勢は神明、天照皇太神、外宮、内宮、八十末社(4)。（『信太妻』）

仏教的世界像によれば、この現実世界（娑婆世界）の中央には須弥山がそびえ、その頂上から下に向かって順に、帝釈・四天王などの天部の神々が住む世界があると考えられていた。そしてさらに上空にあって、梵天は現実世界総体を主宰する最高神＝「娑婆世界の主」（『大集経』）とされた。「上は、梵天帝釈、下は、四大天王」という言葉からして、そうした垂直的世界像がそのまま起請文の神々の序列に反映していることは疑いない。

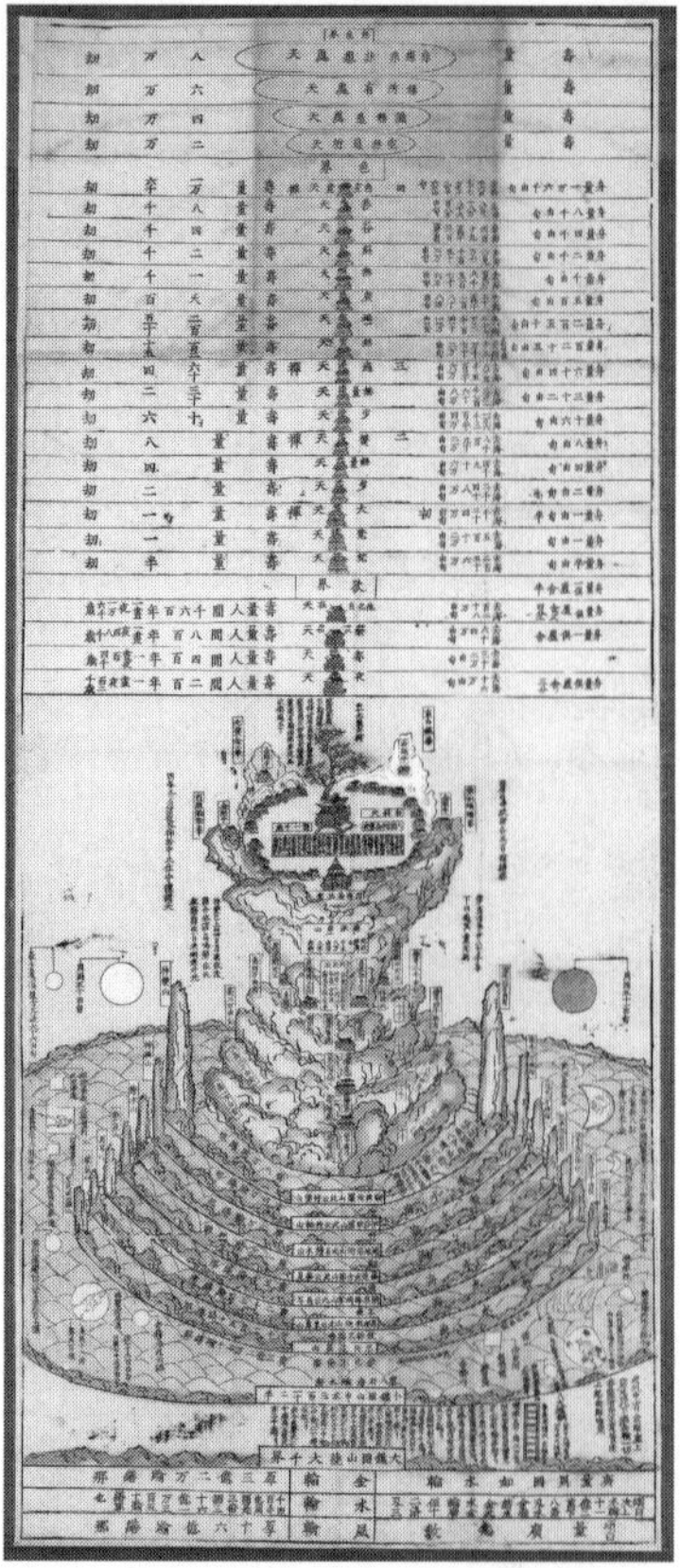

図12　須弥山図（龍谷大学図書館蔵）

この世界像のもとでは、日本は世界の中心からはるかに遠く隔たった辺境の小島のひとつ（粟散辺土）にすぎなかった。そのため、その小島に割拠する日本の神々は、必然的に「下界の地」に跼蹐《きょくせき》するものとして、天上から全世界を俯瞰する天部の神より一ランク下に位置づけられることになったのである。『天神縁起』には、天神の託宣として、「もろもろの雷神鬼類はみなわが従類となりて、あわせて十万五千である。わが所行のことは世界の災難だ。帝釈も一向にまかせておいでになる」という言葉がある[5]。天神の活動も、帝釈天らの黙認のもとになされているというのである。これもまた、帝釈天が日本の神祇の上位にあることを前提とした表現であることは明らかである。

また、『三宝絵』は次のような説話を収めている。

山階寺の涅槃会の翌日、尾張の熱田の大神が童に憑いていった。「寿広和上が尊い法会を催すと聞いて、昨日聴聞のためにこの国に来たが、奈良坂口は梵天・帝釈天が守っていて近づくことができなかった。何とかこの会を拝見することはできないものだろうか」。和上はこれをあわれんで、熱田の神のために再び法会を行なった[6]。

天部の諸尊と日本の神々との間に上下の関係が存在することは、こういった説話を通じて当時の人々の共通認識になっていたものと思われる。

さて、話をもとに戻そう。それにしても興味深いのは、日本の〈神〉に含まれていた仏たちである。すでに前章で論じたように、可視的な姿をもって堂舎に収まっている仏は、神祇と同一範疇で捉えられていた。先の葛川行者の敬白文でも、日本の神々に混じって比叡山の講堂・根本中堂・転法輪堂の諸尊が勧請されている。これらの仏菩薩はその置かれた位置からして、敬白文の筆頭に連なる仏部や菩薩部の諸尊＝〈救う神〉とは、まったく別次元の存在とみなされていたと考えざるをえない。

比叡山講堂の仏像群が仏教的世界観の中で、日本の神々とともに天部の諸尊の下に位置づけられていたことは、日本にある形而下の仏が、神と同じ機能を持つ天部の（あるいはそれ以下の）存在として捉えられていたことを意味している。娑婆世界＝六道に受肉した日本の仏は、仏でありながら、もはや慈悲をもって人々を救いとる仏部の存在ではなかった。それは濁流渦巻く迷いの世界のまっただなかにあって、ストレートな現世利益と下罰を担当するものと観念されていたのである。

ひとたび肉体を与えられて堂舎に安置された仏は、もはや他界にある仏と同次元のものとはみなされなかった。先に言及した「興円起請文」には、「当山講堂釈迦如来・弥勒慈尊・大悲観音（中略）転法輪堂釈迦如来・護世四王」という言葉がみえる。ここでは釈迦仏は、講堂と転法輪堂両方に名を連ねている。形而下の仏は同じ種類の仏であっても、所在地が異なれば全然別個の存在とみなされていたのである。

それは天部の諸尊についても同様であった。

梵天・帝釈・四大天王を始めとして、三界のあらゆる天王天衆、ことに大仏・四王・八幡三所、惣じて日本国中大小の諸神の冥罰神罰を、つぶさに我が身に蒙るであろうこと、以上の通りである。(7)（「播磨大部荘使起請文」）

右の神文中に、四天王が二か所に登場しているのにお気づきであろうか。このうち先にみえるものは、須弥山上の虚空に住む此土世界の守護神である四天王である。後者は、当時東大寺に実際にあった（大仏殿あるいは戒壇院の）四天王像を指していると考えられる。仏と同様、四天王もまた、ひとたび肉体を与えられて特定の場に安置されたとき、日本の〈神〉のひとつになると観念されていたのである。

しかもそれらの形而下の仏は、特定の地域や人々と切っても切れない縁をもつものとなっていた。『法華験記』には、山城国加美奈井寺の住僧が他所へ去ろうとしたとき、寺の薬師如来が夢に現われ、「汝はこの寺に縁がある。他の所に行ってはならぬ」と述べたという話が収められている。(8) この説話を聞いて私たちは、「たのめつつ　こぬ年月をかさぬれば　朽ちせぬ契り　いかがむすばん」(9)（『今物語』）という歌を送って参詣を促した、山王神のエピソードを思い起こさないであろうか。あたかも日本の神が、日本の国土と鎮座する地を離れては神たりえなかったように、本来は全宇宙のすべての衆生に平等の恩恵を施すはずの仏が、ここでは特殊な地域神のイメージで捉えられているのである。

ここにおいて私たちは、説話のなかで異国にあった留学生がなぜ日本の仏に救いを求めたのか、その理由を説明することができる。彼らがしばしば発する、「本国の三宝、助けたまえ」(10)（『今昔物語集』）、「日本の仏神に祈念する」(11)（『江談抄』）という言葉も、日本という地域と不可分に結び付いた〈日本の仏〉の観念の成立を前提とするものだったのである。

起請文において散見される、「日本国中」の「大小の仏神」という表現は、国内の諸神に加えて、各地に散在するそうした形而下の仏総体を示すものだったのである。

3 中世的コスモロジーの特質

中世においては仏教的な世界観（十界論）を軸に、仏神から祖師・聖人までを包含する壮大なコスモロジーが構想されていた。またそのコスモロジーを構成する二つの主要なグループ、〈救う神〉と〈怒る神〉は、本地―垂迹という関係によって結びあわされていた。こうした理念は、中世では一部権力者や知識人の独占ではなく、あらゆる階層・身分の人々に共有されていた。日本の神々はこのコスモロジーの中に身をおいてはじめて、冥界に安定した位置を占めることができたのである。

こうしたコスモロジーの思想的な特色を、どのようにまとめることができるのであろうか。まず第一に指摘しなければならないのは、絶対者の不在である。

このコスモロジーの頂点にあったのは唯一の絶対者ではなく、仏部・菩薩部に属する複数の不可視なる仏たち（〈救う神〉）であった。極楽浄土の阿弥陀仏をはじめとするこれらの諸仏は、救済機能を担うものとして此土の神仏（〈怒る神〉）の上に位置づけられていた。しかし、それらはあくまで他界的存在であり、ある意思をもって現実社会になんらかの影響力を積極的に行使することはなかった。この世界において、直接人々に賞罰を下すことによってその言動を規定するのは、迷いの世界の住人である天部以下の〈怒る神〉の任務だったのである。

〈神〉たちの間で、「救済」と「賞罰」という機能の分担がなされていただけではない。それぞれの範疇に属する〈神〉たちの間でも、さらに細かな役割の分化がみられる。〈救う神〉についていえば、そこに含まれる〈神〉たちの間に本質的な上下の序列は存在しなかった。彼らはそれぞれ独自の浄土をもち、縁ある衆生をそこに引き取る役目を持っていた。

阿弥陀仏に縁が厚ければ、極楽を願いなさい。弥勒菩薩に契りが深ければ、兜率天を願いなさい。心の惹かれるほうに縁があると知るべきなのです。おのおの思いのままに従いなさい。ただし自分が信じないからといって、他の仏を謗《そし》ってはなりません。(12)(『菩提心集』)

これは院政期に南都で活躍した珍海という僧の発言である。この言葉に端的に示されるように、人は複数の選択肢のうちから心惹かれるままに、好みの仏に救済と往生を願えばよかった。選ばれなかった仏も決して力が劣るわけではなく、ただ機縁がなかったにすぎないのである。

役割の分化があったのは〈救う神〉の世界だけではない。〈怒る神〉の場合も同様だった。『続古事談』は次のような説話を載せている。

西明房座主の源心僧都のおっしゃることには、中堂の薬師仏と太秦の薬師仏は契りを取り交わしている、ということだ。

とある病人が中堂に詣でて平癒を祈ったことがあった。そのとき、薬師仏から次のような夢のお告げがあった。——「この病気は右京の医師にみせたほうがよい。私の力ではどうしようもない。かの仏と私はとくに違いがあるわけではないが、あなたとの縁の有無を考えると、むこうの方が適任である」

この病人がその託宣通り太秦の広隆寺に参詣して祈願を凝らしたところ、たちまち病気が治ったということだ。(13)

このほかにも起請者が夢告や託宣によって、よりその祈願内容にふさわしい他の神仏にまわされるというエピソードは、説話の中にはしばしばみられるものである。あたかも医学の世界における専門分化のように、〈怒る神〉たちの間でもそれぞれの機能を生かした分業体制が確立していたのである。機能分化に基づく諸仏諸神の共存という理念は、国土のここかしこに神社仏閣があって、無数の神仏が並存していた日本中世の現実に対応し、そうした状況を追認する論理であったことは明らかである。神仏の選択を人間の側の主体的な判断に委ねるこのような理念のもとでは、個々の神仏の権威は著しく相対化されることは必至だった。それゆえ、こうしたコスモロジーからは、世俗のあらゆる権威を超越する神仏の至高性を強調するような主張は、生まれるべくもなかったのである。

第二節　地獄の思想・極楽の思想

1　子孫を見守る霊

日本の中世には、身近にあって人々の願いを聞き届けてくれる神仏と、遠い浄土にあって救済を司る仏という、二種類の神仏が存在した。――こうした見方は、日本人の他界観に関する従来の通説と必ずしも整合的ではない。その点について、少し説明を加えておきたい。

はじめに日本人の他界観について、今日どのように説かれているかを整理してみよう。日本における「死者の国」の観念の独自性をめぐっては、実はすでに有力な仮説が存在する。その提唱者が民俗学の祖として名高い柳田国男である。

柳田は戦後まもなく発表された「先祖の話」という論文において「死の親しさ」という

一節を設け、日本人はもとより死後の世界を身近なものと捉えていたと述べ、その理由として死をめぐる日本人特有の四つの観念を指摘した。

第一には死してもこの国の中に、霊は留まって遠くへはいかぬと思ったこと、第二には顕幽二界の交通が繁く、単に春秋の定期の祭だけで無しに、何れか一方のみの心ざしによって、招き招かるることがさまで困難でないように思って居たこと、第三には生人の今はの時の念願が、死後には必ず達成するものと思って居たことで、是によって子孫の為に色々の計画を立てたのみか、更に再び三たび生まれ代わって、同じ事業を続けられるものの如く、思った者の多かったというのが第四である(14)。

柳田にとって、「この国の中」で霊の留まるところとは山にほかならなかった。柳田によれば死を迎えた人の魂は、生前の暮らしを営んだ故郷や子孫の生活を見守ることのできる山の頂に留まり、祭りのたびごとに家に迎えられるような存在であった。下北の恐山や越中の立山、熊野なども、もともとその地域の霊魂が宿る山であったという。それらの霊魂は、はじめこそ「だれかれの霊」という区別はあったものの、時の経過とともに先祖の霊と合体して個性を失い、やがては山の神と一体化していくのである。

柳田の説は、日本人の霊魂観をめぐる研究に決定的な影響を与えた。これ以後民俗学や宗教学の分野では、柳田の説を裏付けるようなさまざまな事例が発掘されていった。今日でも「盆路」と称して、お盆の前に、里山や墓から麓まで草を刈り払って道を付ける作業をする習慣が各地に見られる。これなども山に棲む先祖の霊を迎える準備以外の何物でもなかろう。

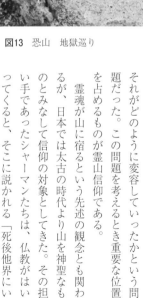

柳田の見解を前提にして、次の段階で議論されることになったテーマは、そうした日本固有の霊魂観のうえに仏教が受容されたとき、それがどのように変容していったかという問題だった。この問題を考えるとき重要な位置を占めるものが霊山信仰である。

図13　恐山　地獄巡り

霊魂が山に宿るという先述の観念とも関わるが、日本では太古の時代より山を神聖なものとみなして信仰の対象としてきた。その担い手であったシャーマンたちは、仏教がはいってくると、そこに説かれる「死後他界にいく」という教理を受容し、それを従来保持していた観念と習合させた。その結果、地獄や極楽が現世と隔絶した異界であるという仏教

図14　一つの霊峰の中に浄土と地獄をともに描く立山曼荼羅は、山中他界の観念を端的に表現するものである。（『立山曼荼羅』富山県　来迎寺蔵）

本来の観念は変容させられて、地獄も極楽も山の中にあるという「山中他界」の思想が生まれてくるのである。

柳田があげた古来よりの霊魂の鎮まる地のひとつに、青森県の下北半島の恐山がある。夏の大祭の折りに行なわれるイタコの口寄せは有名である。現在は円通寺という寺院になって立派な伽藍が建ち並んでいるが、もともとは民間信仰の聖地であったと考えられている。

正面参道を左に外れてしばらくいくと、草木の乏しい石だらけの荒涼とした風景が広がり、そこかしこに温泉がわきだしている光景にぶつかる。ひとつひとつの温泉には、それぞれ塩屋地獄・賭博地獄・修羅王地獄といった名称が付けられている。地獄の世界を抜けると、その先にはコバルト色をした宇曾利湖が広がっている。その湖畔の白い砂浜は、極楽浜と呼ばれているのである。

恐山内のこういった地名は、山中他界の思想を典型的に示しているように思われる。ここでは地獄も極楽も同じ境内にある。いずれの方に属すかはさておき、死者はこの地に留まっているのである。

今、私は山中他界の一例として恐山をあげたが、こうした例は日本中の山々のいたるところに見いだすことができる。宮城蔵王の中腹には三途の河原があり、そこには地蔵菩薩の像が立っている。月山や立山の山中には阿弥陀が原とよばれる地が存在する。立山では、弥陀ヶ原に近接して地獄谷がある。日本におけるこのような山中他界の観念を総括して、山折哲雄は次のように述べている。

> インドの浄土教が日本に入ってきたとき、当時の日本人は、浄土は西の方に存在するということは受け入れたのです。しかし、十万億土の彼方に存在するという考え方、――これは受け入れられなかった。(中略)それどころか日本人は実際には、浄土は山の中に存在するというふうに読みかえたんですね。[15]

この山折の言葉が端的に示しているように、他界的な浄土の観念は結局日本には定着しなかった、という見方が今日では定説となっている。この説は日本人の他界観をめぐるもうひとつの通説――日本の思想においては他界表象は一貫して希薄であった――と表裏の関係をなしながら、現在に至るまで学界に強い影響力を及ぼしているのである。

2　彼岸の浄土の伝統

これまで私は、仏教が移入されて以来、日本固有の観念を土台として地獄も極楽もこの現実世界に引きつけて捉えられた、という通説があることを述べてきた。その典型が山中他界観だった。その見解に従えば、地獄も極楽も、私たちの生活の場からあまり遠くなく、ほぼ等距離にあって徒歩で到達できる地ということになるであろう。

しかし、前章までの検討で明らかになったように、少なくとも中世まで遡ると、そのようには捉えられていなかった。起請文には地獄の主・閻魔大王はたびたび姿をみせても、極楽浄土の教主・阿弥陀仏は決して勧請されることはなかった。

これはきわめて重要な事実のように思われる。つまり此土の〈神〉だけが勧請される起請文の神文に閻魔がみえ、阿弥陀がみられないことは、閻魔と弥陀、ひいてはその所住の地である地獄と極楽が、中世の人々の意識では次元を異にする世界として、厳密に区別されていたことを意味するのではなかろうか。

極楽浄土がこの世と別次元の世界と捉えられていた点について、もう少し根拠をあげてみよう。

平安後期から往生浄土の信仰が流行するにつれて、人々の間に極楽浄土への関心が高まった。阿弥陀堂の建立や阿弥陀像・来迎図の制作が進められ、浄土に往生したと信じられた人々の伝記を集めた往生伝も次々に編纂された。他方、欣求浄土の念の昂揚は、その対極にある地獄への関心も呼び起こしていくのである。

こうして平安時代の後期には浄土と地獄への関心が高まり、往生譚や堕地獄譚が巷間に流布していった。だが、地獄・極楽それぞれの世界に赴いた人々がその後にたどった運命は、この世界との関係に限ってみた場合、きわめて対照的であった。地獄から帰還した説話はいくらでも数え上げることができるのに対し、極楽に往生した人間がこの世に戻ったという話はほとんど聞かないのである。

地獄に堕ちた人物が蘇生ないし帰還したという説話は、『日本霊異記』以降中世にかけて著されたさまざまな説話集のなかに、いくらでも見いだすことができる。地蔵菩薩は、地獄に堕ちた罪人を救う仏として篤い信仰を集めた。また仮死状態での地獄めぐりと蘇生というパターンも、よくみられるものであった。当時の人々にとって、地獄は比較的容易にこの世から往還可能な地だったのである。

それに対し、浄土往生者が再び地上に戻ったという話は、ほとんど皆無といってよい。『日本霊異記』の智光伝[16]や『本朝新修往生伝』の円能伝[17]のごとく、仮死状態の間に地獄とあわせて極楽を見学したという程度の話はある。また、親鸞において有名な往相廻向・還相廻向の思想のように、往生者が衆生教化のためにもう一度穢土に帰るということも、教理の次元ではよく知られていた。だがそれにもかかわらず、たんなる極楽見学などではなく、きちんと往生をとげたと信じられた人間がこの地上に舞い戻ったという話は、まったくみることができないのである。地獄からの蘇生譚の頻出と、往生者の此土帰還譚の不在は、地獄と極楽が次元を異にする世界として捉えられていたのではないかという推測を補強するものであろう。

この点について、もうひとつだけ例をあげよう。

現在私たちは日本の山中のいたるところに、「――浄土」「――地獄」という地名をみいだすことができる。それは中世においても同様だった。越中立山の地獄は有名で、『法華験記』『宝物集』『今昔物語集』などには、そこで修行中の山伏が死んだ娘に出会い、その両親への伝言を頼まれるという話が収められている。他方、春日神社や日吉神社の社頭が浄土であるという主張や、粉河寺が観音菩薩の補陀落浄土だとする説をはじめ、此土の特定の地（多くは寺社の境内）が神聖な浄土であるとする説も、数多く史料上に散見する。

しかし、地獄と違って此土浄土の場合、そこで死者に出会ったという説話はまったくみられない。しかも、現世の浄土たるその地を踏むことの重要性が繰り返し説かれながらも、そこへの参詣そのものが最終的な救済の達成とはみなされなかった。たとえば「わが朝の補陀落山」である粉河寺にしても、そこに詣でて救済が完結することはなかった。「彼所にお入りになって観音に帰依されたならば、往生は疑いない[18]」(『粉河寺縁起』)という言葉に知られるように、最終的な目的地はあくまで彼岸の西方浄土にあったのである(次節参照)。

これ以上詳しい論証を続ける余裕はないが、中世において地獄がこの世界の内部の存在であるのに対し、往生の目標としての極楽が、此土とは次元を異にする遠方の別世界と考えられていたことは、他にも証拠をあげることができる。私たちはもはや「地獄も極楽もこの世にある」といった通説に、安易によりかかってはならない。日本の中世には、現世と隔絶した異次元世界としての浄土の観念が、まぎれもなく存在していたのである。

3 極楽への距離

前節では、中世人にとって地獄はこの世界の内部にあったのに対し、極楽浄土は想像を超えた異次元世界と捉えられていたことを述べた。それでは、具体的には往生の対照とし

図15　四天王寺の西門は極楽の東門に接すると信じられていた。西門の外、西の鳥居の前には浪速の海が広がる。（『一遍上人絵伝』歓喜光寺蔵）

ての極楽は、どれくらい遠い世界と考えられていたのであろうか。

極楽浄土の観念は仏教の経典に由来する。浄土三部経のひとつ『阿弥陀経』では、阿弥陀仏の浄土（極楽浄土）は西の方角に向かって、十万億という途方もない数の仏土をすぎた地点に実在するとされていた。

仏教では、私たちがいま生活を営むこの地球のような世界が無数にあると説かれていた。そしてその一つ一つの世界にひとりの仏がいると考えられた。「十万億土」の彼方とは、現代的な表現を用いれば「銀河の彼方」、「宇宙の果て」ともいうべき意味をもつものだった。極楽の所在を示すこの「十万億土」という言葉は、日本においてもさまざまな著作に引用され、多くの人々の知るところとなっていたのである。

しかし、そうした教理が中世の人々に額面通り受け取られていたかどうかは別の問題である。日本では、極楽浄土もまた本来の教理とは無関係に、この世に引きつけて理解されていたという山折哲雄の説は先に紹介した。それゆえ、ある時代に一般化していた極楽浄土の観念を探るためには、「十万億土」といった経典の語句の普及状態を探る方法では不適当である。むしろ、当時の人々の生活実感としての極楽への距離を測定する必要があるだろう。

これまで述べてきたことから、極楽浄土が、この娑婆世界とは次元を異にする他方世界と捉えられていたことは、ご理解いただけたのではないかと思う。しかし、問題はむしろここから先にある。極楽浄土が遠方の別世界であるとしても、それはいったいこの世からどれほどの距離にあるのだろうか。『梁塵秘抄』には、「極楽浄土の東門は、難波の海にぞ対《むか》へたる(19)」といった言葉がみえる。この言葉によれば、極楽浄土は別世界であっても、娑婆に接して存在するものと想像されていたようにも受け取れる。それとも「十万億土」という言葉の額面通り、私たちの日常感覚を超えた遠い世界とみなされていたのであろうか。

この疑問を明らかにすることは、率直にいってかなり難しい。ここでは、極楽浄土とならんで中世人にとってきわめてポピュラーな浄土であった、弥勒菩薩の兜率天と観音菩薩の補陀落浄土をとりあげ、それとの対比において極楽がどのように描写されていたかを検討することによって、極楽浄土の観念上の位置をもう少し限定してみたいと思う。

はじめに兜率天についてみていこう。兜率天で修行を続け、五十六億七千万年後にこの世界に下生して、衆生を救済するという弥勒菩薩への信仰は、日本では飛鳥時代にまで遡る。弥勒信仰には兜率天への往生を願う上生信仰と、弥勒の降臨をまつ下生信仰があったとされるが、日本ではこの信仰が平安後期から流行をみせる。

中世におけるその熱心な鼓吹者が、南都の代表的仏教者、貞慶である。貞慶はみずからこの信仰をたもつとともに、『弥勒講式』を著して人々にも弥勒信仰を勧めた。その中で、貞慶は兜率天を「穢土中の浄土」[20]とよんでいる。

いうまでもなく正規の仏教教学では、兜率天は天界の一部であり、迷いの世界である六道内部の存在であった。その点からいえば、往生の対象とはされても、本来極楽浄土とは別次元の存在だったのであり、むしろ梵天・帝釈天と同じく、此土世界の範疇に属するものであった。

「穢土中の浄土」という言葉は、貞慶がそれをはっきりと自覚していたことを示している。法然の『選択本願念仏集』には、「兜率は近いけれども縁は浅く、極楽は遠いが縁は深い」[21]という一文がある。これも極楽浄土が兜率天に比して、さらに遥遠の地と捉えられていたことを物語るものであろう。極楽と兜率天はともに往生すべき地とされながらも、決して等質化することはなかったのである。

同様のことは観音菩薩の補陀落浄土についてもいえる。補陀落浄土も往生の対象とはされていたが、その所在は天空にあったと考えられた兜率天とは異なり、一般的には南方の海上であると信じられていた。『法華験記』には、紀伊国から柴の船に載せた道祖神像を海に流したところ、風もないのに南方に走り去ったことをもって、その道祖神の補陀落往生を確信したという話が収められている。[22]

また『吾妻鏡』は、補陀落渡海を試みた鎌倉武士にまつわる、次のようなエピソードを記している。

貞永二年（一二三三）三月七日、ひとりの老僧が熊野那智浦から南に向かって船を出した。法名は智定房。在俗の折りには下河辺六郎行秀として知られた、名うての勇者であった。

智定房が小舟の屋形に入った後、扉は釘をもって外から打ち付けられた。もはや中には日の光すらさしこむことがなかった。舟には三十日分程の食料と、灯り用のわずかな油だけが積み込まれていた。海に押し出された舟は、やがて北風に押されて波のかなたに姿を消していった。

かつて源頼朝が生きていた時代のことである。下野国の那須野で巻狩を催したとき、行秀は指名を受けたにもかかわらず、頼朝の面前で大鹿を射損じるという失態を演じた。行秀はその場で髻を切って出家し、そのまま行方をくらました。

図16 右下の鳥居のそばにみえる白い帆の船は、補陀落浄土を目指す渡海船であろうか。(『那智参詣曼荼羅』京都　西福寺蔵)

近年、熊野山に籠って法華経を読誦しているという風聞はあったが、いま船出にあたって、人に託して出家以後のことを記した手紙を北条泰時に届けてきた。泰時はそれをみなに披露させた。折節祇候していたもので、涙を流さぬものはなかったという[23]——。

本州最南端にあたる那智浦からの補陀落渡海は、中世にはしばしばみられた行為だった。この補陀落浄土について、『発心集』は賀東上人という人物の述懐として次のような言葉を載せている。

思うに、この身をともしび代わりに燃やすような苦行であっても、さほど難しくはないものだ。だが、そんな行為を重ねても次生に極楽にいけるという保証は何もないし、凡夫の自分は臨終に臨んで、往生を疑う気持がでてこないとも限らない。補陀落山こそこの世間のうちにあって、凡夫の身そのままで詣でることのできる地なのだ。だから私はそこへ詣でることにしよう。[24]

また貞慶は『観音講式』という書を著しているが、その中で補陀落浄土について、「娑婆であっても娑婆でなく」、「浄土であっても浄土でない」ゆえに凡夫も往き易い場所である、と述べている。また、「我が浄土は遠くは西方浄土、近くは補陀落山なり」という言葉もある。[25]

兜率天と同じく補陀落浄土は、往生を期すべき地とはいっても極楽とは異質な、「穢土中の浄土」「浄土にして浄土にあらず」と表現される此土世界内の地であった。逆にいえば西方浄土は、それらの娑婆世界の浄土とは隔絶した世界として把握されていた。そこは容易に往返を許さない、遥かなる別世界だったのである。

第三節　この世の浄土とあの世の浄土

1　此土浄土の役割

これまで私たちは、中世では極楽浄土が此土とは別次元の世界と捉えられていたことをみてきた。しかし、浄土がすべて遠い他方の世界とされていたかというと、必ずしもそうではなかった。同じく往生の対象ではあっても、兜率天や補陀落浄土がこの娑婆世界内部の存在とされていたことは、すでに述べたとおりである。さらに堀一郎(26)や山折哲雄が指摘するように、私たちが自分の足で到達できる特定の地が浄土に比定されている例も確かに存在していた。なかにはそこを「極楽浄土」と呼ぶものまでがみうけられるのである。こうしたこの世の浄土＝「此土浄土」は、彼岸の浄土とどのような関係にあるのだろうか。

第二章で論じたように、当時の寺社の公式見解によれば、仏が具体的な姿をとって此土に顕現した第一の目的は、人々をして俗界を超えた真の救済の世界に目をむけさせることにあった。

末世の人々の能力に合わせて、かりに神としてご出現されたものの、それも真意としては衆生を救いたいというお気持からなされたことであるので、現世の事だけを祈ることを、神は不本意にお思いになられることでしょう。[27]（『発心集』）
神や権現の行使する賞罰の権限は、人々を彼岸に誘うための一方便と考えられていた。中世にみられる神に往生を祈るという習慣は、こうした観念を下敷きにして生まれたものだったのである。

図17　神道曼荼羅の背景には、社壇浄土の思想があった。山王宮曼荼羅には日吉山王社の全景と、山王二十一社の神影図およびその本地仏が描かれる。（『山王宮曼荼羅』奈良国立博物館蔵）

浄土への道案内としての日本の神仏という理念は、それらが元来特定の土地と不可分の存在であったことから、その鎮座する寺社が浄土に近い霊場であるという観念を生み出していった。それはひいては、その寺域や社壇が浄土そのものであるという「此土浄土」「社壇浄土」の主張へと発展することになった。

平安後期からの浄土信仰の隆盛にともなって、参詣人を呼び寄せるために、諸寺社は競って、そこに足を運ぶことがたんに現世利益の祈願を満足させるだけでなく、往生浄土への近道であることを宣伝するようになる。中世成立期の寺社縁起は現世利益譚を中心としながらも、他方ではそうした意図を色濃く反映している。

たとえば十二世紀に成立する『粉河寺縁起』をみてみよう。そこに一貫して主張されているのは、病気平癒などに果たす本尊十一面観音のあらたかなる霊験であった。そうした説話に交じって、次のような彼岸への往生を祈る話が散見する。

(1)、天台宗の石崇は顕密兼学の学生であったが、比叡の十禅師の社壇に参詣して来世の得脱を祈ったところ、「これより西南の方角に三日を過ぎたところに、一つの伽藍がある。わが朝の補陀落山である。かの所にお入りになって観音に帰依されたならば、往生は疑いない」という夢告をえた。石崇はそれにしたがって粉河へと向かい、近辺に堂を立て、「昼の三時ごとに弥陀の供養を修し、夜の三時には千手の供養法を修め、顕密の勤めと事理の行を数知れず実践する」という生活を行なった。最後は阿弥陀の供養法を修し、手に印契を結んで首尾よく往生を遂げることができた。[28]

(2)、平等院僧正行尊は暮年に至り粉河に参詣して、「今生の望みは満足した。後生のことを助け給え」と祈り、夢中に「破地獄決定往生」の七字をえることができた。住房に帰った後その七字を安置し、阿弥陀仏に向かい、左手には五色の糸を取り右手には五鈷杵をもって、口に名号を称え観相を凝らして往生を遂げた。[29]

この二つの説話では、粉河に参詣して観音に祈ることが、往生を果たす上で決定的に重要なポイントとされている。だがここでも、粉河の本尊の役割はあくまで補助的なものだった。往生へと至るストーリーの中で、粉河の観音が具体的にいかなる役割を担ったのかは、実はあまり明確には書かれていない。

粉河が「わが朝の補陀落山」であるとされてはいても、此土浄土であるその場所に参詣すれば救済が完結すると考えられていなかったことは、先に指摘した。最終的な目的地はこの世の内部ではなく、やはり彼岸の西方浄土でなければならなかった。要するにこの縁起でも、往生極楽の信仰においては、引摂の主体は彼岸の阿弥陀仏であり、粉河の観音はそこへの導き手として位置づけられていた。両者の関係は、すでにみてきた〈彼岸の仏―日本の仏〉の二重構造の枠を越えるものではなかったのである。

だがいかに補助的な役割ではあったにせよ、粉河へと参詣し「生身の観音」に会うことが、極楽往生を願うものにとってきわめて重要な意味があると、繰り返し説かれていることは注目に値する。粉河に限らず霊場への参詣を勧めるこうした記述は、中世の寺社縁起のいたるところに見出すことができる。そして実はここに、寂照らがなぜわざわざ中国に渡らなければならなかったのか、という疑問を解く鍵が隠されているように思われるのである。

2　生身の仏との出会い

入宋して五台山参拝をめざした日本人は、ひとり寂照にとどまらなかった。同じく清涼寺の地を踏んだ僧に、永観元年（九八三）に入宋して嵯峨清涼寺の釈迦如来像をもたらしたことで有名な奝然がいる。その奝然の渡航にあたって、慶滋保胤が著した願文、「奝然上人入唐の時、母のために善を修する願文」が残されている。その願文では奝然の入宋の目的が、「五台山に参じて文殊の即身」に会うためであると述べられている(30)。

仏教の伝来以来、日本から中国へと海を越えた僧はおびただしい数にのぼった。ただしその目的は、時代によって微妙な違いをみせている。平安前期までの留学僧たちの目的は、仏教の本場中国で最新の法を学び、それを日本へと伝えることであった。最澄や空海の目的はまさしくそこにあった。

ところが、奝然のころからその目的に変化が生じた。この保胤の願文にも明確に記されているように、その目的はもはや求法ではなく、聖地に巡礼してみずからの罪障消滅と菩提を祈ることにあった[31]。そして五台山巡礼の場合、その成否のポイントは「文殊の即身」との出会いだったのである。

院政期に入宋した『参天台五台山記』の著者、成尋は、「請渡宋申文」においてその点をさらに詳しく述べている。

五台山は文殊化現の霊地である。ゆえに華厳経には、「東北の方向に菩薩の住処がある。その名を清涼山という。過去に諸菩薩が、常にその中に住んでおられた。今現在も菩薩がおいでになる。文殊師利菩薩である。菩薩の一万の眷族もいる。菩薩は常に説法しておられる」と説かれている。また文殊経には、「もし人がこの五台山の名を聞いて、五台山に入り、五台山の石を取り、五台山の地を踏めば、この人は四果の聖人を超え、この上ない悟り(無上菩提)に近いものとなる」とある[32]。

五台山は古くから文殊化現の霊地として知られていた。その地を踏み文殊と邂逅することによって、人は罪を滅し「無上菩提」に近づくことができると信じられていたのである。

平安後期から院政期にかけて、日本人が入宋と五台山巡礼を志した最大の理由はここにあった。この時期にはいると、日本では宗派の体制も固まり、各宗ごとに法脈や人脈が固定化しつつあった。もはや自宗の存在意義と優位を主張するために、中国から競って最新の法を導入し続けなければならないような差し迫った必要性は失われていた。

他方この時期、人々のまなざしは、現世を超えて彼岸の浄土へと向けられはじめていた。往生を願う貴顕の手によって続々と巨大な伽藍が建立され、ちまたには念仏の声が満ちていた。往生伝も次々と編纂されつつあった。人々は、いかなる修行を行ないどのような善行を積めば彼岸の浄土に往生できるかを、真剣に模索していたのである。

そうした中で、修行の成否の鍵となる重要なポイントと考えられたものが、「生身の仏」との出会いであった。

(1)、真縁上人は愛宕護山月輪寺に住していた。(中略)以上から知ることができる。生身の仏とは即ち八幡大菩薩のことなのである。その本覚をいえば、西方無量寿如来である。真縁はすでに生身の仏をまのあたりにした。往生の人といわずして何であろう。[33]

(『続本朝往生伝』)

(2)、垂迹の光は明らかではあるが、極楽への来迎引摂は本地の誓いである。粉河の生身観音に申しあげるのがよいだろう。[34](『粉河寺縁起』)

(3)、弥陀も浄土も遠い存在ではない。まことの生身如来がおいでになる当社に参詣するほどの信心があるならば、仏を実際に拝見することも決して困難ではない[35]。(『八幡愚童訓』)

このように霊地・霊社における生身仏との出会いと、往生の可否を結び付ける記述は、中世にはいくらでも拾いだすことができる。『撰集抄』の「覚鑁上人の事」は、覚鑁が「まことの生身の阿弥陀」であるとした後、「阿弥陀仏がお姿を凡夫に変えられてこの世に出現され、我らがごときもののためにわざわざ縁を結んで極楽浄土にお導きになられることは、まことにありがたいことだ[36]」と記している。彫像・絵像であれ、肉体をもった僧であれ、彼岸の仏が衆生救済のためにこの世に具体的な姿を現わしたものが、「生身の仏(菩薩)」なのであり、親しくその仏を拝し結縁し教えに浴することが、往生を可能にする重要な要因と考えられていたのである。

往生浄土の信仰が高揚する中で、彼岸への回路としての霊験所への参拝重視の風潮がたかまってくれば、それが古代以来の仏教の本場である中国への憧憬と結び付いたとき、宋への巡礼ブームが起こるのは必至であった。とりわけ、「文殊の即身」が常住するという伝説を伝える五台山は、彼岸と此岸をつなぐ霊地として、人々の参詣のメッカとなった。『私聚百因縁集』には、中国の法照禅師が五台山に詣でて文殊・普賢の二菩薩に会い、末法にふさわしい法として「念仏」を授けられた話をのせている[37]。寂照や奝然、成尋といった僧たちもまたこの五台山に赴き、即身＝生身の文殊のもとで、現世を超えた真実の悟りを目指しての修行を志したのである。

ただし、五台山清涼寺が日本からの留学僧にも平等に門戸を開いたのは、彼岸への回路という側面においてのみであった。現世レベルの諸問題となると、話はまったく別であった。鉢を飛ばして供養を受けることができるか否か、それによって面目と恥辱のいずれを身に受けるか、といった点になったとき、それは最終的な救済とは無関係な、純然たる此土の世俗的な問題であったがゆえに、そこには「即身の文殊」も彼岸の仏も出る幕はなかった。日本人留学生たちは、世俗的レベルでの面子をたもつために、自己有縁の〈日本の仏〉に解決を委ねざるをえなかったのである。

3　古代的コスモロジーから中世的コスモロジーへ

私はこれまでさまざまな史料の分析を通じて、中世人の神仏をめぐるコスモロジーの骨格が、彼岸と此土との二重構造をなしていたことを論じた。人が現世での出世を望む際には、此土の霊験あらたかな神仏に祈願するのが常だった。その神仏が利益を与えてくれるかどうかは、それが祈願者にとって有縁であるか否かが重要な要素をなしていた。またそこでは、神・仏の区別はほとんど意識されることはなかった。神仏は現世において人々に日常的な賞罰や祟りを下す存在として、一体的に把握されていた。窮地に陥った入宋僧が祈った日本の神仏も、このレベルのものだったといえよう。

しかし、人がひとたび現世を超えた究極の悟りの世界を志向するとき、日本の神仏はもはやその要望に応えることはできなかった。より「普遍的」な彼岸の仏が、その役割を担って浮上してくるのである。至高の菩提の成就という点についていえば、此土の神仏は彼岸への道案内としてのみ、そこに関わることが可能であった。日本の神仏とその所在地＝霊地は、彼岸への通路として位置づけられていたのである。

このような中世的コスモロジーは、古代のそれに対してどのような特色を有するものだったのであろうか。またそうしたコスモロジーの解明が、研究史上どのような問題提起としての意味を持っているのだろうか。

「中世は神仏の時代である」というテーゼは、学問分野を問わず、日本中世を視野にいれた大方の研究者の首肯しうるものであろう。たとえば日本史の立場からの研究について考えてみよう。中世における神仏の果たす役割に着目した研究は、特に神仏を、支配イデオロギーとの関係において捉えようとする研究が盛行する一九七〇年代以降、膨大な数にのぼる。少し考えただけでも、「起請の詞」の問題や「仏陀施入地不可悔返」の法理、さらには「仏奴の論理」から本地垂迹説と荘園制支配の関係に着目したものに至るまで、いくらでも数え上げることができる。[38] また民俗学や宗教学の分野でも、日本ではかなり早い段階から、神仏が恵みと祟りという共通した機能を持つものとして、同じ範疇で把握されていたことが指摘されている。[39]

その際、それらの研究において論及される神仏が、いずれも私のいう〈日本の仏〉と神の範疇に含まれるものであることは注意を要する。すなわちそこでは、彼岸の仏たちの存在とその機能は、ほとんど視野に含められることはなかったのである。

もちろん、平安期以降の浄土教研究のように、彼岸の仏に着目した研究はあった。しかしそこにおいても、本覚論を土台とする天台浄土教の此土即浄土の観念に目が向けられ、浄土の彼岸的性格の希薄さが強調されるのが常であった。要するに、従来の浄土教研究の主流は、日本における「彼岸表象の脆弱」＝「仏教の日本的受容」＝「日本仏教の特殊性」、というテーゼを前提とすることはあっても、それを突き崩そうとする方向で進められることはなかったのである。

こうした研究の伝統に対し、私は何よりもまず、中世人に共有されていた冥界のコスモロジーの構造的把握が必要であると考える。私はこれまでそうした問題意識に基づき、神仏の宇宙論の二重構造を指摘してきた。すなわちそこでは神仏は、彼岸にあって死後の救済を司る彼岸の仏と、此土に顕現して現世利益や賞罰を担当する〈日本の仏〉・神々とにはっきりと区分されていた。人は現世での名声や栄達を求めるときには後者に祈り、今世を超えた真の救済を願うときは前者を頼んだ。そして彼岸浄土への往生において、後者はその道案内の役割を果たすものだった。日本の中世では、此土の延長というだけでは捉えきれない、強烈な彼岸性をもった仏たちが措定されていたことを、見過ごすべきではない。

こうした濃厚な彼岸表象は、中世以前にはみられないものだった。古代神話においては、天も黄泉も現世との連続性をもって捉えられていた。日本人の「連続的世界観」[40]を論ずる際に、しばしば例として引かれるのが記紀神話の他界観である。天つ神の住む高天原にせよ、イザナギが訪ねた黄泉国にせよ、そのありさまは地上の風景をそのまま写したものであり、この世から容易に往還可能な地であった。此土と隔絶した他界という観念は、そこにはない。古代人にとっては、この現実の世界こそが唯一の存在実体だった。神々もまた、遠い他界にあってこの世界を見下ろすのではなく、山川草木・巨木巨岩といったものに宿って人間と共生し、祟りを通じて常に人々に意思を伝えるような存在だったのである。

六世紀ごろに仏教が伝来すると、当初仏もこの神々と同じレベルで捉えられた。仏も神と同様祟りをなすものとされたことは、すでにみてきた通りである。「祟り」はやがて「霊異」へと移行するが、観念的レベルではいざ知らず、神仏はその機能面では、ほとんど差のないものとみなされていたのである。

もちろん古代にあっても、神や形而下の仏が唯一の存在実体とされていたわけではない。此土にある個々の神仏の背後には目に見えない超越的存在があり、それが霊異を引き起こしているという観念があったことは指摘されている[41]。しかし、それらの超越的存在は、その機能や所在についてはほとんど具体的な描写がなされておらず、住所・容姿・機能いずれについても明確であった中世的な他界の仏の観念とは、明らかに質的な差異がある。それはむしろ、目に見えない神が出現するという、古来よりの遊行神の顕現のイメージを背景にしたものとみるべきであろう。

だが、霊異をもたらす「カミ」たちがこの世に併存するという世界観は、仏教の本格的受容と浄土信仰の浸透にともなって変化をみせはじめる。平安後期から、此土と隔絶した彼岸の世界が膨張し始めるのである。そしてそれらは、十二世紀を転機として、ついには此土と断絶した異次元浄土の観念として定着する。古代的な一元的世界観に対する、此土—彼岸の二重構造をもつ中世的世界観の形成である。

その一方で、神と等質化した古代以来の形而下の仏たちは、神や人師ともども仏教的世界観に組み入れられ、彼岸の仏の垂迹とされるようになる。此土の神仏は、賞罰の力を行使することによって人々の目を彼岸の救済者に向けさせる役割をもって、他界の仏がこの世に現われたものと位置づけられたのである。その結果、中世への転換期において、神の中心的機能も「祟る」ものから「罰する」ものへと、決定的な変容をとげることになった。

これまでしばしば、「日本人」の信仰形態の特色は「雑修」という言葉で表現されてきた。だが、もしその言葉を「雑多な信仰を手当たり次第無原則に修める」といったイメージでもって捉えるとしたら、それは大きな誤りである。

わが朝には和光垂迹の神明がまず跡を垂れて、人々の荒々しい心を和らげ仏法を受け入れさせるための地ならしをされた。だから本地の深い利益を仰ぎ、和光の身近な方便を信じるならば、現世には息災安穏の望みを遂げ、次生には無為常住の悟りを開くことができるであろう。(42)（『沙石集』）

彼岸の本地と此土の垂迹の役割分担を説くこの言葉に端的に示されるように、中世には現世安穏—後生善処の信仰に対応する、二つの神仏の世界があった。こうした二つの神仏の世界の併存と、その独自の共存の構造にこそ、中世人のコスモロジーの特色があったと考えられる。中世人の信仰の多様性は、何よりもその独自の世界観を背景としたものだったことを見落としてはならない。こうした重層的な冥界のコスモロジーを、総体として解明することができてはじめて、私たちは中世の豊穣な精神世界をまのあたりにすることができるのではなかろうか。

第四章　変貌するアマテラス

第一節　古代神話における天照大神

1　律令国家の形成と神々

私たちはこれまで、古代から中世にかけて、神仏それぞれが劇的ともいえる変貌を遂げながら、両者あいまって新たなコスモロジーの骨格をつくりあげていく様をたどった。

私が提示した図式に対しては、おそらく多くの批判と異論が出されることと思う。その一つに、仏教の意義を過剰に評価し過ぎている、というものがあるのではなかろうか。――中世という時代に仏教の果たした役割の重要性は、確かに否定すべくもない。しかし、神国思想の昂揚や神道説の形成に見られるように、神々が独自の存在意義を主張し始めるのも、中世ではないのか。

本章ではこの疑問に答えるべく、日本の神々の中心であり、仏教を避ける神とされてきた天照大神にスポットをあてることにしたい。そして、天照大神がこれまで述べてきたコスモロジーの変動の中に、どのように位置づけられるかを考えることによって、私の説の妥当性を違った角度から検証してみたいと思う。

日本では七世紀ごろから、中国の律令制度を取り入れた新たな国家体制の整備が進められた。それ以前の大和政権においては、政治の実権を握っていたのは、畿内に蟠踞する物部・中臣・蘇我といった有力な豪族たちであった。支配制度の頂点にあった大王（後の天皇）は、必ずしも実質的な権力を伴う地位ではなかった。それに対し律令国家の形成は、政治形態としては、天皇を中心とする集権国家への転換をめざそうとする動きであった。古代国家形成の画期としては、推古朝と大化改新（六四五）の重要性が指摘されているが、その後、壬申の乱（六七二）を経た天武・持統朝において、律令国家の政体は最終的な完成へと向かうのである。

そうした状況を背景として、七世紀後半には大陸風の都城制（藤原京）や律令制の導入といった、制度面での整備が推進された。その一方で、新たな集権国家の元首に祭り上げられた天皇の地位を正当化すべく、イデオロギー面からの権威づけの道が模索されていった。

古来より氏族の結合の核となっていたものは、それぞれの氏族のもつ神話と守護神であった。そのため天皇の正当化といった課題は、必然的に天皇の祖神に対し、諸氏族の神々をどう位置づけるかという問題に収斂することになった。かくして、天皇を至高の地位に置いた国家制度の構築と並行して、神々の世界でも、天皇の祖先神を中心としたその再編が開始されるのである。

天照大神を祭る伊勢神宮は、もともとは太陽神を祭神とする一地方社にすぎなかったといわれる。それが天皇家の祖神である天照大神と結び付くのは、六世紀ごろのことであったと推測されている。そうした流れを受けつつ、皇祖神を祭る至高の神社という観念を強調していったのが天武天皇である。

甥の大友皇子を倒して皇位についた天武天皇は、有力豪族をはるかに凌ぐ圧倒的な専制権力の獲得をめざした。その一つの手段として、彼はみずからの地位を「現神」（あきつかみ）にまで高めようとした。

大君は神にし坐せば　赤駒の　匍匐ふ田井を都となしつ[1]（大伴御行）

大君は神にし坐せば　水鳥の　多集く水沼を都となしつ[2]（作者未詳）

『万葉集』には、泥田や沼沢を巨大な人工都市につくりかえていく天武の偉業を、神のみしわざと讃える歌が幾首も収められている。天武はみずから神への道をひたすらに突き進んでいったのである。

　天皇位の神格化の試みは、必然的に天皇の権威の源泉をなす皇祖神＝天照大神にも、急激な地位の上昇をもたらした。いまや伊勢神宮と天照大神は、「現神」たる天皇の祖神として、他の神社とははっきりと区別された至高の国家社と国家神でなければならなかった。奈良時代のはじめに相次いで完成する『古事記』と『日本書紀』には、そうした作業をへて古代天皇制に適合するように再配置された神々の世界が描き出されている。

『古事記』と『日本書紀』の関係と、そこに描かれた神々をどのように捉えるかというテーマは、これまでも古代研究史上の大きな課題であった。それぞれの書物の性格と内容の相違については、すでにさまざまな角度から詳しい検討が加えられている(3)。記紀神話をめぐる従来の研究を単純に総括することは容易ではない。それでも、『日本書紀』に較べて『古事記』の方が、内容的により整序された形態をとっていること、そこでは天皇家の祖神・国家神としての天照大神がクローズアップされ、それを頂点として相互に密接に結びあわされた神々のヒエラルヒーがつくりあげられていること、などといった見解は、すでに研究者のあいだの共通認識となっているといってよかろう(4)。

　現人神としての天皇を頂点にいただく集権国家の形成に対応して、神話世界では皇祖天照大神を中心として諸氏族の祖神をその周囲に配する、新たなコスモロジーが構築された。

またそれに伴って、伊勢神宮と斎宮をめぐる制度・儀礼面での整備が進められていくのである。

2　天照大神の限界

律令国家の形成に伴って、国家神・皇祖神として一躍神々の筆頭の地位にまつりあげられた天照大神ではあったが、反面、至高神としては大きな制約がつきまとっていたことも事実だった。

まず第一に、天照大神は神々のヒエラルヒーの頂点にある神ではあったが、究極の根源神ではなかった。

〈日の御子〉であるニニギノミコトが地上界（葦原の中つ国）の統治者として天降る天孫降臨神話は、記紀神話の中でももっとも重要な場面の一つである。三品彰英は、天孫降臨にあたって、それを司令する神がどの神に比定されているかについて、『古事記』と『日本書紀』ではいくつかのバリエーションがあることを指摘している(5)。すなわち、タカミムスヒ単独のもの、アマテラスとタカミムスヒ両方とされているもの、アマテラス単独のもの、の三通りである。三品はこれらを比較考察することによって、天孫降臨の本来の司令神はタカミムスヒであり、『日本書紀』の「一書」にみえるアマテラス単独とされるものは、もっとも新しいタイプであると結論づけた。タカミムスヒからアマテラスへの司令神の転換は、学界では以後ほぼ定説の地位を占めるのである。

律令国家は新たに形成された天皇中心の政体に対応する形で、天照大神を最高の神格に引き上げるべく、神話の再編と儀礼の整備を進めた。だがそれにもかかわらず、ムスヒノカミといったより根源的な神々を、神話の表舞台から完全に消し去ることはできなかったのである。

第二点として、天照大神は最高の国家神にまで高められながらも、古代においては忠実な天皇と国家の守護神となりきることはできなかった。

『続日本後紀』承和九年（八四二）七月十九日条は、近年日照りが続き作物が枯れかけていることについて卜筮に諮問したところ、「伊勢八幡等の大神が祟りをなす」ゆえであるという回答をえて、神祇伯大中臣朝臣淵魚に命じて祈禱を行なわせたことを記している。[6]また、『三代実録』貞観五年（八六三）七月二日条によれば、流星があったため占いを行なうと、天照大神が祟りをなしているという結果をえた。そこでさらなる災いを防ぐために、大極殿で祈禱を実施したという。[7]

斎藤英喜は、『日本書紀』崇神天皇五・六年紀にみえる、天照大神・倭大国魂二神の勢いを畏れて、それらを宮中から倭の笠縫邑に移したという有名な記事に着目した。そしてこの移動は、天照大神の祟りを解除するためになされたものであるという解釈を加えている[8]。天照大神は祟りをなす神だったのである[9]。

その祟りは、ときには天皇の身体にまで及ぶことがあった。

このごろ災異がしきりにおこり、怪しげな兆しが現われている。そこで卜筮に命じてその原因を占わせたところ、神祇官・陰陽寮の双方から、「国の神事では先例にしたがって幣を捧げてはいるものの、官人たちが喪服を着たまま神事に参加するため、吉事と凶事が混在してしまっている。そのために伊勢大神（天照大神）をはじめとする諸神が、みな祟りを下そうとしている」という報告があった。すみやかに凶を除き吉に就かなければ、その災いは天皇の身体にまで及ぶであろう[10]。

これは『続日本紀』延暦元年（七八二）七月二十九日条の記事である。祟りは「天下縞素、吉凶混雑」という現象についての神の警告とされている。祟りが神の意思の発現であることはここにもみてとれる。問題はそうした祟りをなす神のなかに、天照大神の名が上がっていることである。古代においては、皇祖神であり天皇家の守護神であった天照大神さえもが祟りを下し、天皇の身体に危害を加える存在とみなされていた。天照大神は、ときには天皇の身体にまで影響を及ぼすほどの猛威をふるう、おそるべき祟り神だったのである。

正体不明の神が突然祟りをなし、その後に託宣や卜筮によって神名とその意思がはじめて明らかにされるというパターンは、古来より日本の神々に付随する本来的な性格であった。しかし、天照大神が国家の最高神にまで上昇したとき、このような「祟り神」としての性格は、その役割からいってまことに不都合なことであった。王権の守護神は善悪を超えた不可測の意思を場当たり的に押しつけるものであってはならず、天皇とその支配秩序を無条件に加護するものでなければならなかったのである。

『古事記』や『日本書紀』には、そうした合理的な国家守護神としての天照大神の姿が色濃く現われている。たとえば『日本書紀』神武天皇即位前紀をみよう。東征の際に苦境に陥った神武一行に、天照大神はさまざまな支援をあたえた。それに感謝した神武は、「我が皇祖天照大神が、任務遂行を援助しようとしておられるのか」[11]と述べている。ここでは天照大神は、はっきりと皇孫を助ける神として描かれている。

にもかかわらず天照大神は古代においては、「神は祟りをなすもの」という同時代全般の神観念に規定されて、結局「祟り神」としての性格を完全に払拭しきることはできなかった。そのため律令国家は、天照大神のもつそうした側面を封じ込めるために、幾重もの装置をつくりあげなければならなかったのである。

3 祈りを拒む神

古代において天照大神の至高神としての働きを制約する第三の要因は、天皇の守護神としての閉鎖的な性格を抜け出すことができなかったことである。

古代の伊勢神宮では、私幣禁断の制が堅く守られていた。国王としての天皇の正規の使節以外は、奉幣することを許されなかった。一般人が伊勢に詣でて個人的な願い事をするなどというのは、まったくもって問題外のことだったのである。

伊勢神宮が王権の神となった後も、天皇との関係においては、その私的な守護神という基本的性格に変化はなかった。古代では天皇自身が「国家」そのものであったため、国家神と天皇個人の守護神という二つの性格は矛盾するものではなかった。伊勢の神に国家全体の守護神としての働きが期待されるときも、それが天皇を頂点とする支配秩序の維持という以上の意味を持つことはなかったのである。

令制以前においては、それぞれの氏族や共同体が祭ることができたものは、みずからの守護神だけであった。『日本書紀』などでは、大和の王権が古くからすべての神を祭ってきたように書いてあるが、それが後につくられたイデオロギーであることはすでに明らかにされている[12]。日本の神は元来それと関わりのある人々しか祭ることが許されないものであり、天皇であっても安易に他氏族の祭祀に関与することはできなかった。天照大神が天皇のみの奉幣を受け入れるという私幣禁断の制度の背景には、天皇が至高神の権威と呪術的機能を独占するという意味だけでなく、古代の神がもっていたそうした属性があったと考えられるのである。

天照大神が天皇家に専有されているかぎり、それがたとえ国家神へと昇格したにせよ、その知名度と大衆への普及において制約が生じることは必然であった。『更級日記』では、菅原孝標の娘が、「天照大神を念じなされ」という夢告を受けたことがみえる。それに対して彼女は、「天照大神とは、いったいどこにおいでになる神仏でいらっしゃるのだろう」と、とまどいをかくせなかった[13]。

貴族の娘が天照大神を知らなかったというこのエピソードは、律令国家が解体していくに伴って、その国家神であった天照大神の社会的地位が低下したことを示す端的な例として、たびたび引用されるものである。だがそうした見方は誤っている。むしろ先に述べたような条件に規定された、古代における天照大神の大衆性の欠如を示すものと考えるべきであろう。

国家の至高神というその地位にもかかわらず、古代における天照大神は、もともと決して知名度の高い神ではなかったのである。

第二節　中世神への転換

1　日本国主天照大神

古代の天照大神は、中世に向かってどのような変貌を遂げるのであろうか。

中世の史料を繙いていてだれしもが気づくことは、鎌倉時代のある時期、とくに一二七〇年代から起請文などを中心に、天照大神が日本の「国主」であるとする表現（「日本国主天照大神」）が急増してくることであろう。二、三、例をあげると次のようなものがある。

もし神官僧官らが、一味同心の沙汰をいたすことがなければ、日本国土本主天照大神・同御子宗像三所大神宮・織幡大明神・許斐権現部類眷族神五千九百一十九所の御神罰を、連署した者たちの身に蒙るであろう。(14)（「筑前宗像太神宮神官等連署起請文」）

もし万一嘘偽りを申し上げるようなことがあったならば、日本国主天照大神・春日権現ならびに七堂三宝をはじめ、当所護法両所権現、住持伽藍の神罰冥罰を、我が身の八万四千の毛穴ごとに蒙るであろう。(15)（「某落書起請」）

「日本国主天照大神」という観念そのものの詳しい分析は、後でおこなうことにしたい。ただこれらの史料から、その言葉が、天照大神が日本の神々のなかで頂点的存在であり、当時もなお「日本」という特定の国土を主宰し続ける、最高の神格であることを主張するものであることが窺える。

記紀神話における天照大神も、此土にその意思を貫徹しようとする至高神として描かれていた。だがそこでは、天照大神は基本的にはこの世界（葦原中国《なかつくに》）ではなく、天上の高天原を治める神であった。祟り神としての機能の行使は別として、此土への干渉は、その子孫である日本の主・天皇を守護する場合にのみなされた。それに対し中世の天照大神は、つねに現実世界を監視し、そこへの直接的な介入も厭わない存在と考えられていた。「日本」という閉じられた領域を支配する最高神としての性格を色濃くしていくのである。

中世における天照大神のそうした性格をよく示すものが、中世に広く流布する第六天魔王の国譲り神話である(16)。この説話にはさまざまなバリエーションがあるが、『神祇官』という書物では以下のような内容となっている。

仏法を何よりも忌み嫌う第六天魔王は、日本にそれが広まることを防ぐため列島を支配していた。父母であるイザナギ・イザナミが「開発」した国を、魔王に押しとられてしまうことを心安からず感じた天照大神は、「ここは我が父母の開いた土地である。こんな狭小の地はあなたにとってはどうでもいいだろう。元のように私に預けていただきたい」と述べて、その返還を求めた。さらに仏法の弘通を危惧する魔王に対し、「私が魔王の代官として、国の主となって仏法を弘めさせなければ、いったいだれが弘通するというのか」と説いて、偽りの約束をかわし、日本を魔王の手から奪い返すことに成功するのである[17]。

この説話は『長谷寺縁起文』では次のような形になっている。

第六天魔王が我が朝を侵犯しようとしたことがあった。天照大神は法性宮にいてこの様子を見て悲しみのあまり、春日大明神と、「あなたと一緒に日本に下り、私は国主となり、あなたは臣下となって、衆生を利益しようではないか」という契りを結んだ。かくして二神はこの土に姿を現わし、その子孫の天皇・摂関家がこの国を治めているのだ[18]。

天照大神はここではは っきりと、神代から当時にいたるまで、一貫して日本を知行し続ける最高神として描き出されている。他方、古代では常に天照大神の背後に垣間見えたムスヒノカミが、日常的な言説のレベルでは中世に入ると姿を消してしまうことも注目される（神道家の思弁的な著作では別の存在意義を与えられてクローズアップされるが、ここでは触れない）。

2　国民神への転換

天照大神の変貌の第二点めとして、古代の天照大神がもっていた祟り神としての不可測性が消失することが挙げられる。

中世ではほかの神々と同様、天照大神が突然祟りを下すという記事はほとんどみることができない。代わって、あらかじめ明示した基準に添って、人間の行動に賞罰を下す側面がクローズアップされるのである。

その典型的な例を、起請文に勧請された天照大神に見出すことができる。起請文とはすでに幾度か論及したように、誓約したことについてそれに違反した場合、勧請した神仏の下罰を蒙ることを明記した文書である。この起請文の神文中に、さまざまな神仏に交じって「日本国主天照大神」が名を連ねるようになることは、すでに見てきた通りである。

起請文の神はあらかじめ定められた明確な基準に照らして賞罰を下すことを期待される神であり、祟りがあってはじめてその意思を知ることができるような、不可測の神であってはならなかった。起請文に広く天照大神が勧請されることは、他の勧請神と同様天照大神もまた、古代の〈命ずる神〉としての性格を止揚し、〈応える神〉への脱皮を完了したことを意味するのである。

第三に、古代の天照大神が天皇のみに奉幣を許す閉じられた性格を脱却できなかったのに対し、中世のそれはすべての人々に開かれた信仰の対象となっていたことである。

この問題は、伊勢神宮の社会的基盤の変化を抜きにしては論ずることができない。古代の律令制のもとでは、国家的な祭祀体系の頂点に位置づけられていた伊勢神宮は、律令制が解体するに従って、新たな経済基盤を求めて信者層の拡大に乗り出した[19]。その結果、東国を中心に十二世紀ごろから、寄進による御厨や荘園の顕著な増加がみられるようになった。安房国の相馬御厨を寄進した源義朝の伊勢信仰は有名である。その信仰は子の頼朝にも引き継がれた。また御師などの精力的な勧進活動によって、一般人や僧侶の伊勢参詣もしだいに活発化するのである。

もはや天照大神は天皇家だけの守護神ではなかった。天照大神は人々の祈願に気軽に耳を傾けその私的な願いを聞き届ける、開かれた神へと変貌を遂げた。その結果、一般社会における天照大神の知名度は、古代に比して著しい上昇をみせることになったのである。

このような性格の変化は天照大神だけにとどまらず、程度の差こそあれ、どの有力神にも共通してみられる現象であった。古代の有力社の多くは、特定氏族と不可分の絆を有していた。その関係は春日社と藤原氏のように基本的には中世まで継承されるものの、他方ではどの神も特定氏族の枠を超えて、一般の人々の間での新たな信者層の獲得をめざした。

そうした中で、神々は氏族の専有する氏神としての性格を薄め、大衆に共有される「国民神」としての色彩を強化していくのである。

天照大神の中世的特質の第一番目において触れた「日本国主」という規定も、天皇家の専有を離れた国民神への脱皮を前提とすることなしには理解できない現象である。また第二の特色である祟り神からの脱却も、同様の背景があると考えられる。作成者の出身地域や身分・階層とは無関係に、起請文に天照・春日・八幡などの神々が姿をみせるようになるのも、それらが特定氏族から国民全体へと軸足を移し替えることによって、人々に広く受け入れられた結果だったのである。

3　神国思想と天照大神

私たちはこれまで、古代から中世への転換の過程で、天照大神がどのような変身を遂げたかを辿った。祟り神としての風貌を漂わせ、国家神とはいいながらも、私幣禁断の制によって天皇以外の人々との関係を遮断されていた古代の天照大神は、中世にはいると日本の主宰者（「日本国主」）とされ、各階層に共有される開かれた信仰の対象へと変化した。

その一方で、古代にあっては天照大神の背後に垣間みえていたムスヒノカミは、中世ではほとんど姿を消し、天照大神が単独でクローズアップされてくるのである。

このような変化を神観念そのものに即していえば、天照大神のそれは、古代から中世への変動の中で、至高神としてはむしろ強化され成熟の度を深めてくるということはできないであろうか。

繰り返していうが、天皇家に独占された、不可測の意思をもった高天原の主である古代の天照大神に対し、中世のそれは、日本の至高の主宰神として全人民に開かれた信仰の対象となっていた。それは場当たり的に気まぐれな意思を押しつけるものではなく、人々の祈願に応え厳然たる応報を下す存在だった。また天照大神は知名度の上昇に伴って起請文などに広く勧請され、伊勢神宮も中世後期には多数の一般参詣者を迎えるのである。天照大神は、その神観念において超越神への成長を遂げると同時に、広く中世人に共有される存在になっていたといえよう。

こうした天照大神の変貌は、単に一つの神の変身といった問題を超えて、歴史上重要な問題を有しているように思われる。

天照大神は天皇の祖神である。その天皇であるが、わずかの親政期を除いて中世では政治権力から完全に疎外されるようになった。政治の実権はその父である上皇の手に帰す一方、天皇の即位年齢は若年化し、「幼童天皇」とよばれる幼少の天皇が常態となっていった。そのためなぜ中世において、名目のみとはいえ天皇が「国王」の地位をたもちえたのかという疑問が、これまで重大な関心を集めてきた。

鎌倉期に天照大神が「日本国主」として史料上に頻出するようになるだけでなく、それが古代以上の普遍的な神格へと成長し各階層に共有されていたとすれば、一見天皇の政治的影響力が極限まで低下したようにみえる中世は、他方では天皇をめぐる言説が広く列島全域を覆っていく時期であったということになるのではなかろうか。別のいいかたをすれば、その権力の喪失に比例して、「天皇」が観念世界において逆に肥大化していったのが中世という時代であった、といえるのではなかろうか。

ここで思い起こされるのが、式目の起請文に勧請された天照大神をめぐる新田一郎の論考である。[20]

新田がとりあげたものは、室町時代に著される『倭朝論抄』『蘆雪本』などの「式目註釈書」であった。新田はそこにおいて、北条泰時が作成した「御成敗式目」の末尾の起請文に引用された神名中に、皇祖神である天照大神の名がみえないことについて、「虚言ヲ仰ラル、神」だからだ、という説が引かれていることに着目する。

私は先に第六天魔王の国譲り神話について述べたが、「虚言」とはその際に、天照大神が仏法を広めないという嘘をついて、魔王から日本の国土をだましとったことをさしている。新田はこの式目註釈書の説を根拠にして、十六世紀の関東においてもなお、「天照大神の名は起請文に引かない」とする認識が一般化していたとし、それを十三世紀以来の天照大神に対する、「関東と京都」の認識の差異に由来するものと解釈するのである。

新田はさらに、御成敗式目にみられなかった天照大神が「永仁の式目」に入っているという註釈書の記述について、永仁前後の政治状況に目配りしつつ、この時期に幕府の「式目」の「起請文」に「国主神」である天照大神が勧請されることは、「幕府がその名を意識し、もしくはその名の背景にある秩序観(神国思想)を意識し、「東と西」の差異を超えて包括的な秩序を設定しようとした意図の表象」であるとする。新田によれば、ここにおいて幕府は東国政権から「ひろく東西にまたがる「統一権力」へ」と、決定的な性格転換の道を歩み始めた。それは見方を変えれば、単一的な秩序枠としての「日本」の正統的コスモロジーたる「神国思想」の中に、幕府がみずからを置いたことを意味した。天皇制に連なる統一的な秩序構造が中世社会一般において重要な意味をもつ時代が、ここに到来したのである——。

この新田の見解には、中世における天皇制の存続の謎を解く鍵が秘められているようにもみえる。十三世紀後半は天皇のもつ政治権力が著しく弱体化する時期であった。だが、もし新田の指摘が正鵠をえたものであるとすれば、観念の世界においては逆に、皇祖神たる天照大神とそれを中心とする単一のコスモス——新田のいう「神国思想」——が、全土を覆い尽くしていく時代であったということになるであろう。

しかし、ここで考慮しなければならない問題がある。この時期人々の世界観を構成していたものは、神祇をめぐる観念だけではなかった。繰り返し指摘したように、中世人の世界観を規定していたのはむしろ仏教であった。道教や陰陽道をはじめとする諸思想とその神も流入していた。そうであるとすれば、私たちは天照大神の変貌を通じて天皇の地位の変動を論ずる前に、中世の世界観や宇宙論総体の中で、天照大神が客観的にどのような位置を占めていたかを確定する必要があるだろう。

それと関連して忘れてならないことは、この時期「国主」になろうとした神は天照大神だけではなかったことである。古代国家の解体は神々の世界にも大きな波瀾を呼び起こした。律令国家の管理と保障から切り離された神々は、新時代への延命をかけた生存競争に突入した[21]。どの神もわれこそが「日域無双の名社」[22]（香取）、「四海第一の霊社」[23]（北野）であり、「日本鎮守」[24]（八幡）、「日本国地主」[25]（日吉）であることを声高に主張することによって、信者の獲得をめざした。「国主」神としての天照大神の自己規定は、このような神々の自己主張の交錯する思想的土壌の中から生まれたものだったのである。

ここで私たちは、しばらく天照大神そのものの検討から離れることにしたい。その上で、広く中世の社会状況と神仏のコスモロジーに目配りしながら、天照大神の占める位置と意義を考えてみることにしたい。

第三節　中世のコスモロジーと天照大神

1　粟散国主天照大神

中世において「日本国主天照大神」の主張がみられることは先に指摘した。天照大神を日本国の主とする理念は、すでに建久五年（一一九四）の「源頼朝下文案」の、「およそわが朝六十余州は、針を立てるばかりの狭い地であっても、伊勢太神宮の御領ならざる所はない」といった言葉にも窺える。その淵源を辿れば、さらに遡ることも可能である。ただし、それが「日本国主」という定型化した表現をとって史料上に頻出するのは、鎌倉期の後半を待たなければならなかった。そして、その表現は起請文中に勧請された天照大神を形容するものとして、もっとも多く用いられた。天照大神は日本の神々の筆頭として、誓約の履行を監視する役割を担っていたのである。

その際、起請文に「日本国主天照大神」が名を連ねながらも、それが勧請神の先頭に来ないタイプのものがあったことは注目される。

もしこの起請文に背くものがいたならば、梵天・帝釈・四天王・三界諸天・北辰北斗□□宮神・二十八宿・焔魔法王・泰山府君・□命司禄、□□日本国主天照大神・大仏四王・八幡三所・春日権現・熊野□□等、惣じては六十余州普天率土の威力ある神祇冥衆、別しては□□堂観自在尊らの冥罰神罰を、違反した身の八万四千の毛穴ごとに蒙り□□、白癩黒癩の病を受け、家内は疾疫や盗賊の悪難に遭うことだろう。[27]（「尭尊等連署起請文」）

もし起請文に背き、違犯するものがあれば、梵天・帝釈・四大天王、三界のあらゆる天神地祇を始め、日本国主天照大神・六十余州権実二類大小神祇、とりわけ□□大仏・四王・脇士二尊・八万三所部類眷属、諸神冥衆、二月堂大聖観自在尊らの冥罰神罰を、違反したものの八万四千の毛穴ごとに蒙り、現世には諸の重病貧苦の報いを受け、来世は阿鼻地獄を栖として、長らくそこから浮かび上がることができないであろう。[28]（「禅覚起請文」）

ここではいずれも天照大神の前に、梵天・帝釈以下の仏教の守護神が置かれている。これらの諸天は、天照大神とどのような関係にあるのだろうか。それを知る手掛かりとなるものが次の史料である。

万が一にも此の文に違反することがあれば、上は梵天帝釈、下界は伊勢・春日・賀茂、別しては氏神正八幡大菩薩の神罰を、源範頼の身に蒙ってかまわない。[29]（「源範頼起請文」）

もし今後、この定めに背いてあれこれいったならば、上は梵天・帝釈・四大天王・日月星宿を始め、下界は天照大神、惣じては日本国中大小神祇冥道、とりわけ東寺鎮守八幡大菩薩、同稲荷大明神、ならびに伽藍大師三宝の神罰冥罰を、我ら百姓の身の毛穴ごとに蒙ってもかまわない。[30]（「丹波大山荘一井谷百姓等起請文」）

梵天・帝釈天が「上」にあるのに対し、天照大神は「下界」の地にあると記されている。両者ははっきりとした上下の関係にあると考えられていたのである。

こうした見方が仏教的世界観に基づいていることは、第三章で指摘した。仏教では世界を、仏を最上位とする十の段階に区分する考え方が広く行なわれていた。このうち仏から声聞までの上位の四つは、四聖とよばれて悟りの世界とされた。これに対し天以下の六つの世界（六道）は、迷いの世界とされ、悟りに到達しない人々が生死の輪廻を繰り返す場であると説かれた。そして天空と地下を含む私たちの住むこの現実世界（娑婆世界）が、ほぼ六道に対応する空間とされていたのである。

迷いの世界であるこの「娑婆世界の主」が梵天であった。梵天は、娑婆世界の中央に聳え立つ須弥山という巨峰のさらに上空（天）にあって、現実世界全体を主宰する最高神と考えられていた。この梵天の下に垂直の層をなして、帝釈天・日天・月天・四天王といった諸天の世界が存在するのである。

「上は梵天・帝釈」という言葉が、こうした世界観を背景としたものであることは明白であろう。そして、娑婆世界の上に須弥山に沿うように上方に延びる諸天の世界と対比したとき、天照大神は、「下界の地」という表現に示されるように娑婆世界の表面にへばりついた、その辺境の「粟散国」(粟粒のごとき小国)たる日本の神と捉えられることになった。上空から娑婆世界全体を監視する諸天に対し、天照大神は娑婆の極小の一角にすぎない日本の「国主」でしかなかったのである。

この点を明らかにするために、史料を補足しておく。

謹上散供再拝再拝。上に梵天帝釈、下には四大天王・閻魔法王・五道の冥官、大じんに泰山府君。下界の地には、伊勢は神明天照大神、外宮が四十末社、内宮が八十末社、両宮合わせて百二十末社の御神、ただ今勧請申しあげる。(31)(『さんせう太夫』)

再拝々々　起請文事

太良庄公文禅勝ならびに法橋実円らの行なった非法・奸法・不忠以下、重々の罪科十一か条について、ひとつとして事実に反することを述べた場合には、上は梵天・帝釈・四大天王を始め、およそ日本六十余州大小神祇冥道、とりわけ伊勢天照皇大神・

八幡大菩薩・天満大自在神・当国鎮守上下大明神・当庄鎮守三社大明神、別しては弘法大師等の御罰を、太良荘百姓五十余人が蒙ってもかまわない。[32]（「太良庄百姓等申状」）

前者の史料では、「上」の梵天帝釈と「下界の地」の伊勢の間に、「下」にあるものとして四天王・閻魔法王・五道冥官・泰山府君が勧請されている。四天王は天の世界にあって、梵天・帝釈天の下方に、須弥山を取り巻くように住む神々であった。閻魔と五道冥官は悪道の主宰者ではあるが、この当時地獄は娑婆世界の地下にあると信じられていた。泰山府君は中国の泰山の神である。これらの神々がなぜ梵天・帝釈と伊勢の間にはいるのかという問題については、さらに検討を加える余地がある。おそらくは娑婆世界において、「日本」という領域を越えた、より広い地域に関わりをもつ神と考えられたからではなかろうか。

後者では、「伊勢」以下の全国区の神々の下に、「当国鎮守」「当山鎮守」が勧請されており、日本の神の中でもその性格と守備範囲によって、階級が設けられていたことを窺わせる。

以上の考察から、中世における「日本国主」の称号は、日本全体の主宰神であることを強調すると同時に、日本という特定の限られた領域の主にすぎないことを意味するという、二つの側面があったことを知りえよう。「日本国主」の主張は決して天照大神を、冥界のコスモロジーの頂点にまで一気に引き上げるものではなかったのである。

2　日蓮における天照大神

「日本国主」である天照大神のもつそうした二面性は、鎌倉時代の仏教者日蓮の言葉の中に、より鮮明に見出すことができる。

日蓮はその思想の決定的な転換点とされる佐渡流罪（一二七一）の頃から、独自の信仰体系を完成させていくが、それに伴って出現するものが曼荼羅本尊である。曼荼羅の形式は時期によって変遷をみせるものの、基本的には法華経の七字の題目（南無妙法蓮華経）を中央に置き、四隅に四天王を配するという構図を取る。題目を挟むように釈迦・多宝以下の諸聖・諸神が整然と配列されている。最下段には通常日蓮の花押があり、授与者の名が記される場合もある。ここに掲げたものは弘安三年（一二八〇）の製作で、形式がほぼ最終的に固定した段階の作品である。

一見してわかるように、この曼荼羅の諸聖は題目を中央に、最上段には釈迦・多宝の二仏を挟んで地涌の四菩薩、二段目には中心から外に向かって菩薩・二乗および天、三・四段目には仏教の守護神、五段目には祖師・人師と続いている。阿闍世王や提婆達多をはじめとする人々をどの範疇に位置づけるかという問題は残っているが、これらが基本的には仏教の十界論に添う形で配置されていることは明らかであろう。曼荼羅本尊は、題目という根源的な法を中心に十界が統合されている宇宙の実態を、一幅の紙上に凝縮して表現しようとしたものだったのである。

さて、ここで注目したいのは、諸聖の最下位に八幡神とならんで天照大神が勧請されて

図18　日蓮筆　大曼荼羅
（静岡県　玉沢妙法華寺蔵）

いることである。曼荼羅によっては他の神々がみられることもあるが[33]、ここでは日本の神はこの二神だけである。日蓮は日本の神々を代表してこの二神を勧請した。しかし、曼荼羅に凝縮された宇宙論の中でみたとき、天照大神はその限定された一角を占めるものにすぎなかった。戦前・戦中において、曼荼羅本尊における天照大神の位置が、不敬罪にあたるとして問題となったことがはしなくも示すように、天照大神は日蓮の構想するコスモスの中では末端の存在でしかなかったのである。

日蓮の宗教に占める天照大神の位置を、別の角度から検証しよう。日蓮は、「天照大神・正八幡宮等は我が国の本主である[34]」（「善無畏三蔵抄」）、「この日本国には外道は一人もいない。その上神はまた第一天照大神・第二八幡大菩薩・第三は山王等の三千余社、昼夜に我が国を守り、朝夕に国家をご覧になっておられる[35]」（「神国王御書」）と述べて、当時の通念をうけて天照大神が日本の「本主」であり、神々の筆頭に位置する存在であることを承認している。

だがそのことは、日蓮が天照大神を、特別な力を持った究極の存在と認めていたことを直ちに意味するものではない。日蓮にとってもっとも重大な関心事は、仏法の問題であった。天照大神をはじめとする諸神は、正しい仏法とその受持者を守護する点においてのみ、その地位が肯定されるのである。しかも、「わずかの天照大神・正八幡などというものは、この国でこそ重んじられているが、梵釈・日月・四天に対すれば小神である」[36]（「種々御振舞御書」）という言葉に端的に示されるように、日本の神は梵天・帝釈などに比べれば、仏法の守護神としても非力な「小神」にすぎなかった。

身分や階層をとわず、すべての中世人にとって、人間界を超えた冥界の存在は疑うことのできないものだった。その世界は、仏界を頂点とする十界からなる仏教的コスモロジーを骨格としていた。そのうちの天界の最下位が、日本の神々の定位置だったのである。天照大神は確かに「日本」という限定された空間では「国主」であったかも知れない。だが、中世的なコスモス総体の中でみれば、所詮は日本の神々の筆頭でしかなかった。その外側と上下方向には、さらに広大な神仏の世界が広がっていたのである。

3　天照大神の本地

中世においては、天照大神の至高神への上昇を阻むいま一つの要因が存在した。本地垂迹思想がそれである。

平安時代の後半から仏教的理念の影響力の増大にともない、神々の本地に仏を措定する本地垂迹思想が広範な流布をみせはじめた。院政期には個々の神ごとに本地仏が定められるようになる。このような動向に対して、伊勢神宮は仏を隔離したことで知られている。

伊勢の神が仏法や僧を遠ざけることは、第六天魔王の国譲り神話が生まれる一つの背景をなしていた。

だがそうした表向きの立場とは別に、伊勢においてもさまざまなレベルで仏教が浸透していた(37)。仏法を遠ざけるとはいいながら、僧侶の参詣は時代を追うごとにますます盛んになった。中世には僧侶の手になる参詣記がいくつも著されている。神宮祠官の中からの出家者は跡を断たず、その葬祭も仏教の儀軌に則って行なわれていた。さらに仏教の影響は、伊勢神道の核心とも言うべき神道五部書にまで及んでいたのである(38)。

こうした趨勢のなかで、天照大神だけが時代の思潮となっていた本地垂迹説から無縁であることは不可能だった。かくして、天照大神の本地仏をめぐる議論が盛行することになるのである。

天照大神の本地仏については、それを観音菩薩とするものと大日如来とするものとの二つの説があったといわれる(39)。このうち、はじめに広まったのは観音説の方であった。ただし同じ観音説のなかでも、史料によっていくつかのバリエーションが存在した。大江匡房の『江談抄』中の「熊野三所本縁の事」では、「太神宮は救世観音御変身(40)」という言葉がみえる。鎌倉期の通海の『大神宮参詣記』では、「十一面観音」が「神宮の御本地」であるとされている(41)。

他方、大日如来説はこれよりやや遅れ、鎌倉時代に入って一般化する。この点について、東大寺がその再建にあたって、大日如来説を利用したという説がある。

治承四年（一一八〇）、平重衡の攻撃を受けた南都は紅蓮の炎に包まれた。東大寺・興福寺をはじめとする寺々の主要な伽藍も灰燼に帰した。やがて源平の内乱が終結すると、朝廷を中心に南都を再興しようとする動きが起こる。そうした動向のなかで東大寺は、その創建時に行基が伊勢に参詣したという伝説を復活させるとともに、大仏＝盧遮那仏が天照大神の本地であると主張することによって、天照大神の権威をその再建運動に利用しようとしたというのである[42]。

だが、なんといっても天照大神＝大日如来説の流布は、伊勢の内宮・外宮をそれぞれ真言の胎蔵界・金剛界に比定する、両部神道説の登場によるところが大きい。たとえば『野守鏡』はこの説をめぐって次のように説いている。

天照大神というのは、遍照如来が秘密の神力をもって王法を守り国土をおさめるために、伊勢に跡を垂れられたものである。内宮は胎蔵界、外宮は金剛界であって、これは両部の大日を意味している。五瓶の水をたたえるゆえに五鈴河という。五智如来に五瓶五鈴あることを示すものである。河のなかには鏡がある。五智のなかの大円鏡智の鏡である[43]。

また叡尊が製作したとされる伊勢大神宮御正体厨子も興味深い。両部神道の説に基づき、内・外宮の正体とされる鏡が、それぞれ胎蔵界・金剛界曼荼羅とワンセットになって安置されている。[44] 天照大神の本地を観音や大日とする思想は、仏教を遠ざけようとする神宮側の建て前とは裏腹に、中世においては特定の宗派の教義レベルを超えて、説話などを通じて広く行き渡っていたのである。

天照大神もまた、中世人の世界観を規定した本地垂迹のコスモロジーから、ついに離脱することができなかったのである。

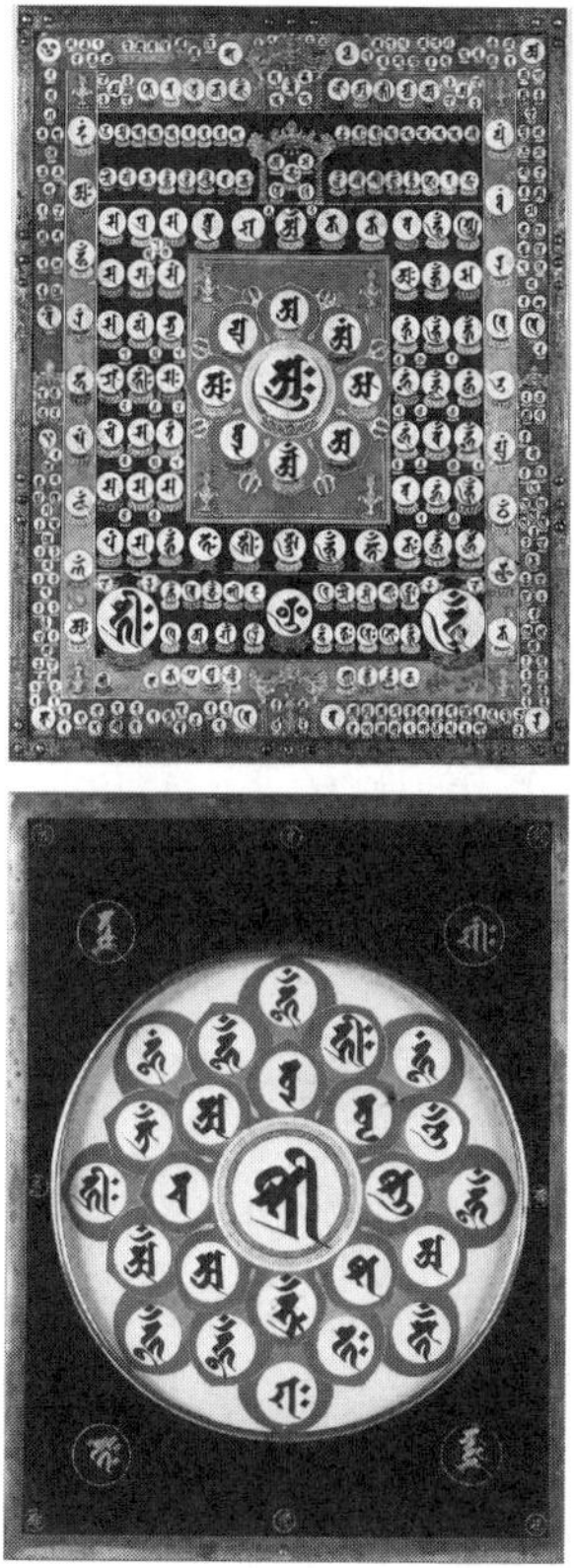

図19 伊勢大神宮御正体厨子（上・正面　下・裏面　奈良県　西大寺蔵）

第四節　中世王権神話の形成

1　中世社会と天皇

私は先に、中世にはいると観念世界に占める天照大神の地位が肥大化し、それに伴って天皇をめぐる言説や「神国思想」が中世社会を覆っていくという説を紹介した。これ以外にも近年の王権論では、中世における天皇の権威の昂揚に着目したものが目立つ。それは多くの場合、中世において天皇制がなぜ存続できたのかという問題提起と、表裏をなす形で論じられているのである。

これまでの考察をふまえていえば、私はそうした見方には疑問をいだいている。[45] それらの研究は、中世の天皇をめぐるさまざまな聖化の論理については、確かに詳細な検証を施している。だが、そこでは中世の世界観や宇宙論の大枠の中にそうした論理を位置づける作業が欠けている。そのため、その客観的な意義と役割を確定するうえで大きな問題を残すことになった。

古代から中世への転換の過程で、天照大神は「日本」の主宰者としての性格を強め、天皇家を超えた広範な人々の信仰対象となっていくことは事実である。神観念に即していえば、天照大神は人格神としての成熟度を増し、至高神へと成長を遂げつつあるかのようにみえるかも知れない。だが中世では、彼岸の仏＝〈救う神〉を頂点とするコスモスが社会に共有されるに至っていた。そうした思想状況の中では、「日本国主」という天照大神の自己主張は、しょせんは「娑婆世界の一角にすぎない日本の主」という以上の意味をもつことはありえなかった。加えて、中世の天照大神は他の神々同様、仏の垂迹と捉えられていたことも忘れてはならない。

「日本国地主」「日域無双の名社」といった神々の自己宣伝そのものが、天照大神だけにみられるものではなく、中世ではどの神にも共通する現象であった。以下に掲げるものは、『日吉山王利生記』中の一説話である。

近頃伊勢大神宮の祠官が、その社頭で通夜した折のことである。惣門とおぼしきところで、激しく扉を叩くものがあった。門の内から誰何する声に対し、「震旦の朧山の神です。いささか申し上げたいことがございます」という名乗りがあった。それに対する返答は、「濁乱の世を嫌って、天照大神はもはや下界にはおいでになりません。いまここには留守を預かる神がいるだけです。もし大事な用件がありましたら、日吉山王の方へおいで下さい。かの神こそは十分な法施を受けて、昔に変わらぬ験力を誇っておいでです」というものだった。数十の騎馬が西へ向かって駆け出す足音を聞いたところで、祠官は夢から覚めた[46]。

ここでは山王神は、天照大神を筆頭とする律令制下の序列を無視して、自身の至高性をはっきりと主張している。それぞれの神がわれがちに自己の威光と優越を主張する、いわば神々の戦国時代ともいうべきものが、神をめぐる中世の思想状況だったのである。

このような状況下にあっては、東大寺や長谷寺をはじめとする一部の寺社関係史料に登場する「日本国主」の主張すら、額面どおり通用していたとは断言できない。中世の観念世界に占める天照大神の地位は、その至高神への上昇の努力と神名の普及にもかかわらず、相対的には低下していたと結論せざるをえないのである。

それは天皇の側からすれば、天照大神の子孫としての地位に、もはや無条件によりかかることのできない時代の到来を意味していた。神孫為君の論理に安住することのできなくなった中世の天皇は、それに代わる新たな権威づけの道を模索していかなければならなかったのである。

2　天皇像の分裂

そうした課題をうけて、天皇とその周辺が導入した天皇の地位正当化の論理が、儒教的な徳治主義の思想である。徳治主義とは一言でいえば、徳の高い人物が天の許しをえて為政者となるという思想である。鎌倉幕府の成立以降、源氏将軍や北条執権は、由緒を誇る公家政権に対抗して自己の立場を正当化すべく、徳治主義を積極的に導入していったことが知られている(47)。

他方、武家政権の力が伸張していくことに強い危機感をいだいたのが朝廷である。仏教的な世界観の浸透は、天皇とその背後にある神祇世界の権威の急激な相対化をもたらした。現実の政治過程において武家政権に圧倒されつつあった朝廷は、理念的な面でも、その地位が低下していく状況を座視することはできなかった。公家政権は政治の改革を断行し、訴訟制度や評定制度の整備を進めた。その過程で彼らは徳治論を受容し、みずからの治世を正当化する思想的な基盤としようとするのである。

花園天皇が持明院統の皇位継承者である量仁親王(光厳天皇)に与えた『誡太子書(48)』には、色濃い徳治主義の立場を読み取ることができる。花園天皇はその中で、日本は「宗廟社稷の助け」があるために、徳がなく政治が乱れても他国のように革命の心配がない、という見方を厳しく批判する。そして、神孫という地位に安住することなく、為政者として不断に徳を磨いていくべきことを強調するのである。

徳治主義と天皇というテーマについていえば、後醍醐天皇の建武の新政の背後に、それを支えるものとして、宋朝的な中央集権的官僚政治と宋学=朱子学の思想を見出す見解もあった[49]。また北畠親房の『神皇正統記』では、三種の神器をそれぞれ「正直」「慈悲」「知恵」の三つの徳に引き当てた上、「この三徳を残すところなく体得しなければ天下を治めることは困難である[50]」と述べているが、これもまた徳治思想の広がりといった文脈に添って理解すべき現象であろう。

徳治論の受容に加えて天皇の側が行なった権威回復のための第二の試みは、神道家の手を借りつつ、仏教的色彩の強い中世のコスモスを独自の形に改変しようとするものである。伊勢神道では鎌倉末期から、神を本地とし仏をその垂迹とする反本地垂迹説が生起する。また、慈遍は仏教の法身仏にあたる「法性神」について論じ、それを宇宙の根源的存在であるとした。その上で、法性神を中心とする神仏の世界を構想していくのである[51]。これらの主張は、仏の下位に神々を位置づける中世的な宇宙論を前提としつつ、両者の占めていた地位を入れ替えて、彼岸の仏が占めていた根源的地位に神を置こうとするものだった。

しかし、このような努力にもかかわらず、その試みは必ずしも思うような成果をあげることはできなかった。徳治主義はその本来の性格からして、天皇だけに特権的な聖性を付与する論理とはなりえないものであった。また反本地垂迹説にしても、本地—垂迹の関係を逆転させただけにすぎず、一部の思想家に影響を与えることはあっても、社会に浸透して同時代のコスモスそのものを全面的に改変するほどの力を発揮することはなかった。

そうした中で、天皇の側が行なったいま一つの正当化の試みが、中世の宇宙論の頂点をなす仏の世界と直接通路を設け、その権威を自身に転化しようとする第三の道であった。

3　天皇と仏教

仏教の社会への浸透とその影響力の増大の風潮をうけて、もはや天皇もそれとは無縁ではありえなかった。天皇の身体の平穏には仏教の威力が不可欠であるという認識のもとに、護持僧の制度が整えられ、さまざまなレベルで「玉体安穏」の修法が実施された。また、天皇の葬儀も仏教的な形式を取るようになった。しかしそれにもかかわらず、在位中の天皇が出家することはなかったし、天皇みずからが仏教の修法を実践することも、基本的にはタブー視されていた。

ところが中世にはいると、天皇と仏教がより深い関係を結ぶ例がみうけられるようになる。その点に関連して、近年注目されているのが即位灌頂である。これは即位式の際に、天皇が高御座において手に秘印を結び口に真言を唱えるというものである。

即位灌頂はかねてから文学研究者によって注目されてきたものではあったが、上川通夫は歴史学の立場からそれに詳細な検討を加えた(52)。上川によれば、その確実な実修例は伏見天皇のときであり、恒例化するのは南北朝期における北朝側の後小松天皇の代からであるという。さらに上川は、この儀式は即位時における国王の聖別という点において、西欧中世の「塗油」という儀式に類似しているが、塗油における聖別の主体が神の代理人たるローマ法王であったのに対し、即位灌頂の場合、天皇みずからが行為するところに特色があること、それは天皇が他のなにものかによって聖別されるのではなく、自身が宇宙の覚者たる至高神＝「大日如来」に変身するという即位灌頂の理念によるものであること、を論じている。

天皇と仏教という視点から脚光を浴びている人物が後醍醐天皇である。後醍醐がみずから僧衣を着け護摩を焚いて、倒幕の祈禱を実修したことはすでに明らかにされている[53]。網野善彦はその「異形」性に論及する中で、後醍醐が行なった幕府調伏の法が「聖天供」であることに着目し、「後醍醐はここで人間の深奥の自然――セックスそのものの力を、自らの王権の力としようとしていた」と述べている[54]。また黒田日出男は、清浄光寺に伝わる法服姿の後醍醐天皇像に詳細な考察を加え、その肖像画が、「後醍醐を天子・金剛薩埵・天照皇大神として、王法・仏法・神祇の中心に位置づけている」と結論づけている[55]。

ここにみられるような、中世における天皇の積極的な仏教への接近は、皇孫・現人神としての地位に全面的によりかかることのできなくなった天皇が、それに代わる新たな権威の源泉を求めてコスモスの最上位にある仏との間に通路を設け、そこから直接みずからを聖化する力を汲み出そうとしたものといえよう。

しかし私は、こうした試みが実際にどれほど天皇の地位の正当化に貢献したかという点については、強い疑問をいだいている[56]。確かに天皇はその至高の位を意義づけるために、仏法の力を利用しようとしたかもしれない。だが現実には、それによって天皇が新たな権威を帯び、神聖な存在として再生することはなかった。あらゆる可能性の追求にもかかわらず、仏教をそのパワーの源としようとする試みは、結局実を結ぶには至らなかったのである。

中世という時代は、天皇が政治的な権力のみならず、権威をも喪失した時代であった。そうした中で、いかにその観念世界における地位を低下させようとも、天皇が最後に頼むべきものは天照大神をはじめとする日本の神々であった。天皇が徳治論や仏教に触手を伸ばしながらも、神孫の論理と神事優先の原則を最後まで放擲できなかったのはそのためであった[57]。そしてそれは、天皇を国王と仰ぐことによって権門領主層の結集を図ってきた支配権力総体にとっても同様であった。国家権力全体の危機と受けとめられた事件に直面したとき、神国思想が強調されてくる理由もそこにあったのである[58]。

ただしその場合に、中世王権のよりどころとなる神々の世界は、天照大神を頂点としてヒエラルヒーを構成するような記紀神話のそれではなく、「三神信仰[59]」や「約諾思想」の形成にみられるごとき改変を経た上、仏教的コスモロジーを前提とした中世的なそれであったことを見逃してはなるまい。

第五章　日本を棄て去る神

第一節　神祇崇拝と神祇不拝

1　鎌倉仏教論の方法

「日本の中世仏教」といった場合まず頭に浮かぶのは、法然・親鸞・栄西・道元・日蓮・一遍ら、いわゆる「鎌倉仏教」の祖師ではなかろうか。同じ鎌倉期の仏教者でも旧仏教に属する貞慶・高弁・叡尊・忍性らと区別するために、その思想を「新仏教」とよぶこともある。いまでも高校の日本史や倫理の教科書における「中世思想」「中世文化」の項目で、圧倒的なスペースを占めるのは「鎌倉仏教」の祖師とその思想である。それに「旧仏教の復興」「神道界の動向」といった見出しが付け足されている、というのが一般的な形であろう。

なぜ鎌倉仏教がこれほど注目を集めるのか。これはその思想内容だけの問題ではなく、背景には中世から今日に至る長い鎌倉仏教の受容の歴史があり、簡単に結論をだせるような類のものではない。しかしいずれにせよ、いまもなお鎌倉仏教をめぐるさまざまな研究や評論がひきもきらず生産され続けていることは、まぎれもない事実である。

近年みられる鎌倉仏教論の多くは、現代人の視点からその今日的意義を見直すといったタイプのものが圧倒的である。いま私たちの社会はどこへ行き着くかも知れないまま、人類がかつて経験したことのないスピードで急速に変貌をとげつつある。この高度に文明化された情報社会において、人はいかにして自分らしさを保ち、個の尊厳を守り抜くことができるのか。――果てしなく進展する社会の「進化」のなかで、ややもすれば見失われがちな精神性を求める人々の欲求に応えるものとして、鎌倉仏教に新たな光があてられているといえよう。

私はこうした立場からの鎌倉仏教の「読み」を否定するつもりは毛頭ない。実存的な問題意識に立脚した過去の思想の読み直しは自由になされてよい、否、むしろ自由になされるべきだ、というのが私の基本的立場である。たとえある言葉が祖師の発した意図とは違って受け取られても、それによって一人の人間に生きる希望と勇気が与えられれば、それは十分に意義のあることだ、と私は考えている。鎌倉仏教そのものが、古典的テキストに対し主体的な問題意識から、当時の常識に捉われない解釈を試み続けた、その果てに生み出されたものにほかならないからである。

しかし、必ずしもそうとばかりはいっていられない。巷に溢れる鎌倉仏教論には、率直にいってかなりいい加減なものも目につく。

理解や解釈がでたらめであればまだいい。注意すべきことは、それが特定の宗教的行為に結び付けられることによって、人々の生活に実害をもたらす例がしばしば見受けられることである。人間の精神を解放するはずの宗教が、ただ金儲けのためだけの低俗なドグマに堕してしまっているのである。

こうした恣意的な乱用に歯止めをかけるために、私たちはひとたび祖師たちが活躍した鎌倉時代へと立ち返ってみることが必要であろう。鎌倉時代において、鎌倉仏教とはどのような意味を持っていたのか。いかなる課題を負って成立し、どのような思想的達成をなしえたのか。――今日的解釈はそうした問いかけの上になされなければならないのである。

これは簡単なようにみえて、決して容易な作業ではない。なぜなら鎌倉仏教の歴史的意義は、鎌倉仏教そのものだけをみていても明らかにすることはできないからである。

たとえば古典的な鎌倉仏教論として定評のある家永三郎のそれをとりあげてみよう。悪人往生・女人救済・信心為本といった各祖師共通の要素を抽出し、その意義を論じるという方法をとっている。(1) だがこれでは鎌倉仏教の歴史的意義はみえてこないだろう。それらの諸要素の歴史的位置を確定する座標軸が設けられていないからである。

鎌倉仏教の意義を論ずるためには、何よりもまずそれを同時代の社会と文化・思想に位置づけるための座標軸の設定が不可欠であり、それとの対比において客観的に新仏教の達成が証明されなければならないのである。

その点において、一九七〇年代に黒田俊雄が提唱した「顕密体制論」は注目に価する。(2) 黒田は、中世仏教の主流をなしていた旧仏教＝顕密仏教が、ある共通の理念を媒介として共存の秩序を作り上げていたことに着目し、その理念を「顕密主義」と命名した。そして、顕密主義を基調とする諸宗が、国家権力と癒着した形で宗教のあり方を固めた体制を「顕密体制」と名づけ、それこそが中世仏教界の「正統」であったと主張した。その上で、従来鎌倉仏教の中心と考えられてきたいわゆる「新仏教」を、「正統」に対する「異端」の運動と規定し、「正統」＝顕密主義との対比において、その歴史的位置を確定しようとするのである。しかし、黒田自身、みずからの提唱した顕密体制論を十分概念化しないうちに亡くなったため、氏の構想は課題を残すことになった。

本書では最後に鎌倉仏教をとりあげ、その意義を考えてみたい。その際の歴史的な座標軸として、ここではこれまで明らかにしてきた中世の神仏のコスモロジーを用いたい。同時代に人々に共有されていたコスモロジーをどのように受け入れ、どのように改変することによって、彼らは新たな信仰世界を構築していったのであろうか。

本章ではそうした視点から、鎌倉仏教の歴史的意義の一端を明らかにしてみたいと思う。

2　排除される神々

十二世紀末から、法然を嚆矢として続々と新たな信仰が生まれてくると、旧仏教側から激しい非難の声がまき起こった。最初に槍玉に上げられたのは法然とその教団である。旧仏教からの執拗な批判を受けて、建永二年（一二〇七）、法然は土佐配流の処分を受けた。六年前から法然門下に加わっていた親鸞は、師と引き離されて越後へと流罪になった。

専修念仏に対する弾圧は、法然の死後もやむことがなかった。嘉禄三年（一二二七）には東山大谷にある法然の墓があばかれ、法然の主著である『選択本願念仏集』の版木が焼かれている。

旧仏教の攻撃の矛先は禅にも向けられた。栄西は比叡山からの批判を受け、弘教停止処分を受けて一時京都からの退出を余儀なくされた。道元もまた比叡山の圧迫によって京を追われ、山深い越前永平寺に入ることになるのである。

鎌倉仏教の祖師の中でも、もっともドラマチックな生涯を送ったのが日蓮である。その半生はまさしく生死に関わる迫害の連続であった。とりわけ鎌倉の竜の口で頸の座にすえられ、あやうく斬首をまぬがれた体験と、それに続く佐渡での苛酷な配流生活は、その信仰形成に決定的な影響を及ぼした。

旧仏教からの新仏教批判の論点はさまざまあったが、共通するもののひとつは、彼らが日本の神祇をないがしろにしているということだった。元久二年（一二〇五）、興福寺を中心とする旧仏教八宗が、法然の専修念仏停止を求めて朝廷に提出した『興福寺奏状』は、念仏者の過失を数えあげるなかで、第五番目に「霊神に背く失」をあげている。

念仏者たちは神明と決別して顧みることがない。権杜・実社を区別することなく、由緒ある宗廟大社にも遠慮することなく、神明を頼むものは必ず魔界に堕ちると公言してはばからない。実類の鬼神はさておき、垂迹した権化は大聖である。上代の高僧もみな帰敬してきたものである。そうした神々を、おまえたちはなぜ捨て去ろうとするのか。(3)

神々をめぐる「権化」「実類」の区別については、すでに第一章で触れた。旧仏教徒は念仏者の神祇を顧みない行為＝神祇不拝に対し、舌鋒鋭く批判を浴びせかけるのである。

これと同じ念仏批判の論理は、興福寺のライバルであった比叡山延暦寺の主張にも見出すことができる。貞応三年（一二二四）、専修念仏禁止を求める比叡山は、その上奏文に「一向専修の党類が神明に背くことは不当である」という一節を設け、おおよそ次のように述べる。

我が朝は神国である。神道を敬うことが国の勤めとなっている。あらゆる神もその本源を尋ねれば仏の垂迹であり、仏がこの世界の人々を救うために具体的な姿を示したものにほかならない。だからこそ、世を挙げて人ごとに信をおこすのである。ところがいま専修念仏の連中だけは、念仏にことよせて神を敬おうとしない。これは神国としての礼を失する行為であり、神の咎めを受けて当然である。(4)

神祇をないがしろにするという非難は、禅にも向けられていた。禅批判のなかでも興味深いのは、鎌倉時代後期の仏教書『野守鏡』にみえる論理である。

『野守鏡』はその下巻で念仏・禅二宗に対する批判を展開しているが、禅宗に対するもののなかに、神国にありながら死生を忌まないというものがあった。(5)これは禅僧が多く葬送に携わって、神が忌む死穢や産穢に抵触していることを指すものと考えられる。そのため日本の神々は神威が衰え国土守護の力を失い、病気や災害が頻発して人々に患いをもたらしている、と主張するのである。

日本を「神国」とする理由について、『野守鏡』はその後で「天照大神が大日如来の神力をもって王法と国土を守らんがために、伊勢に迹を垂れた」[6]と述べている。仏の垂迹としての神が見守っているゆえに神国である、という中世的な神国思想の論理が、ここにも貫かれていることを見て取ることができる。ところが禅宗の人々は神国にありながら、その行儀にもとる行為を平然と行なっており、それが国土の災いのもとになっている、とされるのである。

日蓮宗もまた、後々まで神祇不拝で有名だった。

戦国時代に日蓮の教義を批判して著された天台宗の円信の『破日蓮義』という書物は、日蓮門徒が諸国の仏神に詣でることを禁止されていることをとりあげ、非難を加えている。[7]大永四年（一五二四）の山門の集会の決議でも、日蓮宗が門徒の「霊仏霊社の参詣」を停止している点が槍玉にあがっている。[8]日蓮宗の神祇不拝に向けての批判の系譜は、江戸時代の国学者平田篤胤の『神敵二宗論』にまで継承されているのである。

3　神祇不拝の根拠

鎌倉時代に成立するいわゆる新仏教が、神祇への信仰を拒否する宗教と捉えられ、以後長い期間にわたってその点が批判の対象とされてきたことをみてきた。それは祖師の説く教理そのものというよりは、その門徒が現実社会において神祇信仰を拒絶する言動をとることに向けられたものであった。その点からいえば、門徒たちが祖師の教えを誤解することによって神祇不拝という過激な行動に出た、という可能性もあながち否定し去ることはできない。しかし、祖師の教説そのもののなかにも、神祇崇拝をはっきりと否定する言葉を見出すことができるのである。

法然には、念仏の行者が「物もうで」することを「くるしからず」[9]（『百四十五箇条問答』）とする言葉が伝えられる一方、『浄土宗略抄』という著作では、「念仏を信じて往生を願う人は、悪魔を払うためにわざわざ諸仏・諸神に祈ったり、物忌みをしてはならない」[10]と述べている。

親鸞の場合、神祇不拝の立場はより明確であった。『教行信証』化身土巻では、『涅槃経』の「仏に帰依したならば、その他のもろもろの天神に帰依してはならない」[11]という文をはじめ、さまざまな経典や古典を引用して、鬼神への帰依や崇拝を批判している。

その最後に引用されているのが、『論語』の「季路問、事鬼神、子曰、不能事人、焉能事鬼神」という一文である。このうちの孔子の返答部分は、一般的には「人に事ふことあたはず、いづくんぞよく鬼神に事へむや」と読まれている。ところが親鸞は、これを「事ふことあたはず、人いづくんぞよく鬼神に事へむや」[12]と読むのである。

前者の場合、鬼神といった不可知なものよりも、まず目の前の人間への奉仕を優先すべきである、という主張と捉えることができる。ここでは、鬼神の存在は決して否定されていない。むしろ、人間を超える神聖な存在であることが前提となっている。それに対し、親鸞の読みの場合、「鬼神に仕えることなどできない」という論が二度繰り返されることになり、結果として神祇崇拝の峻拒がクローズアップされるという効果をもつことになった。親鸞はみずからの信念を貫くために、経典にあえて恣意的な読みを施すことすら辞さなかったのである。

親鸞の神祇不拝の態度はその和讃にも現われている。

かなしきかなや道俗の　良時吉日えらばしめ
天神地祇をあがめつつ　卜筮祭祀をつとめとす
かなしきかなやこのごろの　和国の道俗みなともに
仏教の威儀をことゝして　天地の鬼神を尊敬す(13)（『正像末法和讃』）

日本の神祇に対する崇拝については、道元も消極的だったようである。『十二巻正法眼蔵』では、菩提の道とはならないという理由で「山神・鬼神」や外道に帰依することを戒める傍ら、仏法僧の三宝だけが「菩提成就」の方途であると述べている(14)。

鎌倉仏教の祖師のなかで、もっとも神祇不拝の旗幟を鮮明にしていたのは日蓮だった。佐渡への流罪の赦免後、日蓮は甲斐国にある身延の山に籠り、著述と弟子の教育に専念した。入山後も日蓮に面会を求めて、多くの門弟が身延の草庵を訪れた。そのひとりに、駿河の内房氏の尼がいた。ところが、この尼が身延へと足を伸ばしたのは氏神参詣のついでであることが日蓮の耳に入るや、日蓮は直ちに尼との面談を拒否する処置を取った。「神は所従である、法華経は主君である」[15]（「三沢抄」）という立場を取る日蓮にとって、氏神参詣のついでに法門を聴聞しようとする態度は、到底容認できるものではなかったのである。

祖師によって温度差はあっても、いずれも仏法を至上視する立場から、神祇そのものの崇拝に対して消極的ないし批判的である姿勢を見て取れよう。その門弟たちが神祇不拝に走る原因は、祖師そのものの言動に根ざしていたのである。

しかしここで重要なことは、神祇不拝という基本的立場を取る一方、鎌倉仏教の祖師たちはだれひとりとして神々の存在自体を否定しなかったことである。

たんに存在を否定しなかっただけではない。神祇崇拝を厳しく戒めていた親鸞と日蓮は、それぞれ次のように述べている。

南無阿弥陀仏をとなふれば　梵王帝釈帰敬す
諸天善神ことごとく　よるひるつねにまもるなり[16]（『浄土和讃』）

日本国中の大小の諸神も、総じてこの法華経を強く信じ申し上げて、余念なく一筋に信仰するものを、影が身に添うように離れることなくお守りになるのです。[17]（「上野殿御消息」）

ここでは日本の神々は、仏法と国土を守護する存在として、その役割が積極的に評価されている。神々そのものの崇拝の拒否と、守護神としてのその役割の肯定は、彼らにおいてはどのように整合的に結び付けられていたのであろうか。

私たちはこうした問題意識をいだきながら、鎌倉仏教のコスモロジーの解明へと歩みを進めることにしよう。

第二節　鎌倉仏教と神祇

1　一仏への傾倒

鎌倉仏教において、仏と神はいかなるコスモロジーを形作って共存していたのか。この問題を考えるにあたって参考になるのが、第四章でとりあげた日蓮の曼荼羅である。日蓮の曼荼羅は題目を中心に、釈迦仏・多宝仏を頂点とする菩薩・二乗・諸天などが、仏教の十界論にしたがって上から順に配置されていた。これは第四章でも述べたように、十界に象徴される宇宙のあらゆる存在が、題目を核として秩序をもって統合されている様子を図式化したものといえる。そしてその中に天照大神・八幡神といった神が、天部の諸尊と同列に勧請されているのである。

日蓮は決して日本の神々の存在そのものを否定することはなかった。逆にそれを認め、一定の役割を果たすことを容認していた。十界論を受け入れ、その中に日本の神々を位置づける点において、日蓮は時代のコスモロジーを受け入れ、それを同時代人と共有していたのである。

この問題に関連しては、親鸞にも「三宝を本として、三界の諸天、善神、四海の龍神八部、閻魔王界の神祇冥道」(18)(『親鸞聖人血脈文集』)という言葉がある。「閻魔王界の神祇冥道」という表現はなんとも奇妙に感じられるが、彼もまた仏を頂点とする十界論のコスモロジーの一角に、日本の神々を位置づけていたことは疑いえない。

鎌倉仏教の祖師が同時代のコスモロジーを受容していたとすれば、彼らの特色はどこに求めることができるのであろうか。彼らはそうしたコスモロジーを前提としつつも、それを独自に改変していたことが知られるのである。

この点を、史料的にもっともめぐまれている日蓮を中心に跡づけてみよう。

鎌倉仏教のコスモロジーの特色として第一にあげるべき点は、彼らが神仏のヒエラルヒーの頂点にある仏を一仏に限定し、その主宰力を圧倒的に強化したことである。

中世的コスモロジーにおいて、その頂上にあるのは彼岸の仏であった。その際、彼岸の仏は一尊ではなく、複数存在した。救済力という点において、それらの仏たちの間には優劣の差はなかった。阿弥陀仏のようにしばしば末世の救済者としてもっともふさわしいとされる仏も、他の仏と比べて本質的に優れているわけではなく、たまたまこの娑婆世界に縁が深かったにすぎないのである。

しかし、日蓮の場合は違っていた。

大日如来・阿弥陀如来・薬師如来をはじめとする十方世界の仏たちはみな、我らが本師である教主釈尊の所従である。(19)（「法華取要抄」）

日蓮にとって霊山浄土にいる釈尊は、他のいかなる仏とも比較を絶した唯一の絶対的存在だった。彼岸の仏が横一列に並ぶ中世のコスモロジーを、日蓮は釈尊という一仏を頂点とする縦のヒエラルヒーに読み替えているのである。

釈尊が宇宙の根源的な主宰者であるとすれば、この娑婆世界と日本もまた釈尊の本領にほかならないであろう。日蓮はその書簡において、次のように述べる。

法華経の巻二には、「今此三界」という言葉がある。この文は、日本の六十六か国・島二つの大地は、教主釈尊の本領であることを示すものである。娑婆世界もそれと同様、決して阿弥陀仏の領ではない。また「其中衆生悉是吾子」という言葉がある。日本国の四十九億九万四千八百二十八人の男女、それぞれ父母はいるが、根本においてはみな教主釈尊の御子なのである。三千余社の大小の神祇も釈尊のご子息にほかならない。まったく阿弥陀仏の子ではないのだ。[20]（「六郎恒長御消息」）

釈尊の支配は此土の人々のみならず、神々にまで及ぶとされた。釈尊こそは、この世界の唯一にして至高の主宰者だったのである。

2 罰を下す仏

日蓮ら鎌倉仏教の構想するコスモロジーの第二の特色は、他の仏を超える超越的性格を付与された他界の一仏が、此土にたいして直接影響力を行使することによって、その意思を貫徹しようとする点にあった。

中世のコスモロジーにおいては、彼岸の仏たちの役割は究極の救済を実現することにあった。しかし、彼岸の仏は、末法五濁悪世に生きる人々にとってはあまりにも縁遠いものであった。そのため賞罰の力を行使して衆生を仏法へと結縁させる役割をになって、かの仏の垂迹である此土の神仏が登場するのである。

したがってそのコスモロジーにおいては、彼岸の仏は娑婆世界に対し、直接何らかの影響力を発揮することはなかった。それは此土にいる神仏の役割であった。両者の間にははっきりとした役割分担ができあがっていたのである。

しかし、日蓮は違った。

法華経をたもつ人を、釈迦・多宝・十方の諸仏をはじめとして、梵天・帝釈・日月・四天・龍神、日本守護の天照大神・八幡大菩薩がみな、諸天が帝釈天を敬うように、あるいは母が子を愛するように守り慈しむことは、ちょうど影の身に従うようなものである。(21)（「行者仏天守護抄」）

他の著作には、次のような言葉もみえる。

悪法がはびこっている日本の現状は、梵天・帝釈天でも防ぐことは困難である。まして「日本守護の小神」ではなおさらである。「地涌千界の大菩薩・釈迦・多宝・諸仏の御加護」でなければそれは不可能である。(22)（「真言諸宗違目」）

ここでは釈尊をはじめとする諸仏は、彼岸からただ娑婆を見守るという役割を越えて、法華経の行者を直接守護する存在とされている。その力は、従来その役割をになうとされてきた諸天や日本の神祇を、遥かにしのぐものだったのである。

釈尊は正法の護持者に加護を与えるだけではなかった。他方では、その敵対者に罰を下すものと考えられていた。「下山御消息」において日蓮は、当時の日本が「法華経の強敵」

となったために、「法華経守護の釈迦・多宝・十方分身の諸仏・地涌千界」などが、「他国の賢王の身」に入って日蓮を罰しようとしているのが蒙古襲来の真相である、と述べている。(23)

日蓮没後、その教団では起請文に、「釈迦・多宝」にはじまる他界の仏を勧請する例がみうけられる。(24) それは、日蓮における「此土に賞罰の権限を行使する至高の仏」の観念を継承するものだったのである。

他界の仏が直接現実世界に干渉するという発想は、親鸞にもみることができる。日蓮にとって至高の仏が釈尊であったように、親鸞におけるそれは極楽浄土にいる阿弥陀仏にほかならなかった。かの「極楽世界とこの娑婆との間は、十万億の三千大千世界を隔て(25)」(『弥陀如来名号徳』)ているのである。だがそれにもかかわらず、阿弥陀仏はストレートに此土にその力を行使する存在と考えられていた。

南無阿弥陀仏をとなふれば　十方無量の諸仏は
百重千重囲繞して　よろこびまもりたまふなり(26)（『浄土和讃』）

また、真蹟書簡には次のような一節がある。

『阿弥陀経』には、十方恒沙の諸仏が護念する、と述べられています。これは安楽浄土に往生した後にお護りくださるという意味ではありません。娑婆世界にいるうち

に護念する、ということなのです。(27)

ここでは阿弥陀仏をはじめとする十方の諸仏は、梵天・帝釈らとともに力を合わせて念仏の行者を守護することが力説されているのである。

この問題に関してさらに興味深い史料がある。先にもその一部を引いたが、『親鸞聖人血脈文集』に収められた書簡の一節である。

もし慈信ひとりに法門を伝授しながら、そのような事実はないと嘘をつき、実際にはこっそりと教えたことがあるならば、三宝を本として、三界の諸天・善神、四海の龍神八部、閻魔王界の神祇冥道の罰が親鸞ひとりの身にことごとく降りかかることになってもかまいません。以後、慈信とはきっぱりと親子の縁を切ることにいたします。(28)

これは親鸞が子息の善鸞（慈信）の義絶を宣言した部分である。

これより先、関東で異端の運動が盛んになっているとの報告を受けた親鸞は、その子善鸞を関東に派遣し、教団の動揺を鎮め、正しい信仰を徹底させようとした。だが混乱はやまなかった。のみならずその混乱を拡大した張本人が、ほかでもない、自分が派遣した善鸞だった。――その事実を知った親鸞は、善鸞との親子の縁を切ることを決意するのである。

この書簡で注目されるのは、起請の部分に「三宝」が引用されていることである。ここでいう三宝とは、文脈からいって特定の寺院の具体的な仏像とは考えられない。むしろ、阿弥陀仏を含む十方の諸仏を中心概念とするものとみるべきであろう。親鸞は起請に背いたものに「罰」を与える存在として、「三宝」を勧請しているのである。

これは中世の起請文においてきわめて珍しい例である。とともに、「釈迦・多宝」を勧請する日蓮宗系の起請文の特色と、期せずして一致しているのである。

3　弟子ひとりももたず

中世のコスモロジーに対し、いわゆる鎌倉仏教が持つ特色として、一仏の至高視と彼岸の仏の此土への干渉に加えて、第三点めに、頂点の一仏に対する一切の仲介を排した直接の帰依を説いていることがある。

釈迦如来は、娑婆世界の衆生にとっては親であり師であり主である。阿弥陀仏や薬師仏は、主ではあっても親と師ではない。ひとり三徳をかね備えて恩が深い仏は、釈迦一仏に限られるのである。(29)(「南条兵衛七郎殿御書」)

これはその書簡に記された日蓮の言葉である。日蓮にとって釈尊こそは、もろもろの徳をかね備えた、衆生の帰依すべき唯一の対象であった。

その際注目されるのは、日蓮には、中世のコスモロジーに登場する彼岸の仏の垂迹としての〈日本の仏〉と、その宗教的な役割についての言及がほとんどないことである。日蓮の宗教にはまた、特定の聖地を彼岸への通路とする「此土浄土」の観念も欠落していた。日蓮における神々も、その任務は正しい仏法と国土の守護に限定されていた。神が霊山浄土の釈尊と此土の衆生を仲介したり、人々の究極的な救済実現になんらかの積極的な役割を果たしたりすることは、認められていなかったのである。

もちろん日蓮は、本地垂迹の論理そのものを否定することはなかった。晩年の著作である「日眼女釈迦仏供養事」で、日蓮は釈迦像を造立した日眼女の功徳を讃えたうえ、東方の善徳仏・中央の大日如来・十方の諸仏をはじめ、梵天・第六天の魔王・帝釈天・天照大神・八幡大菩薩などの、あらゆる仏・菩薩・天・神祇の本地が釈尊であると述べている。[30]

この文は日蓮が本地垂迹思想を受容した証拠として、たびたび引用されてきたものである。そしてその上で、日蓮の本地垂迹説の特色は本地を釈迦一仏に限定したところにある、とされてきた。しかし、そうした議論は日蓮における神仏関係の本質を見抜いていないものといわざるをえない。

この史料を熟読すればわかることだが、こうした言葉は当時の一般的な言説のように、彼岸の仏の垂迹ないし化身としての諸仏諸神の意義と役割を重視するというベクトルでは用いられていない。ここでは釈迦像造立の功徳は述べられても、その釈迦像が何か特別な威力をもつものとはされていない。日蓮の本地垂迹説は、宇宙のすみずみまで遍満している本地の釈尊の偉大さを讃える文脈で主張されている。同じく本地垂迹を論じながらも、中世の一般的なそれが、時期相応の救済主としての垂迹の役割に光をあてようとするものであったのに対し、日蓮の関心は、あくまで本地たる釈迦一仏だけに向けられていたのである。

かくして日蓮は宗教的救済の権限を釈迦一仏に集中し、釈尊に対する仲介者を排した直接の帰依を強調していくのである。

これと同様の構造は親鸞にもみることができる。以下に掲げるものは、『歎異抄』に収められたあまりにも有名な言葉である。

専修念仏の同朋の間で、我が弟子、人の弟子といった争いがあるのは、とんでもないことである。親鸞は弟子一人ももってはいない。なぜかといえば、自分の計らいでもってだれかに念仏を称えさせるようなことがあればこそ、そのものを弟子ということもできよう。ひとえに阿弥陀仏のお導きによって念仏するに至った人々を、我が弟子などというのはまことに言語道断だ。(31)

親鸞にとって、衆生が唯一帰すべき対象は阿弥陀仏であった。その信心さえもが、実は仏から廻向されたものにほかならなかった。そのことを忘れて、あたかも自分が弟子を育てたかのような顔をしている人間は、親鸞にとっては如来から与えられた信心を横取りする、傲慢極まりないものにみえた。まことに衆生が頼むべきものは阿弥陀仏しかなかったのである。こうした立場を取る親鸞が此土の神仏に、往生にかかわるなんらの意義も認めなかったのは当然だろう。

以上、私たちは中世のコスモロジーと対比しつつ、親鸞と日蓮を中心に鎌倉仏教の思想を検討し、三点にわたってその特色を指摘した。

彼らは仏教的な十界論を基軸とする同時代のコスモロジーを受容していた。しかし、彼らはそれを前提としつつも、彼岸の特定の一仏を他の仏を超える絶対的存在にまで高め、それを此土世界の唯一の主宰者とした。そしてその仏の意思が、此土世界の隅々にまで直接貫かれていることを強調するのである。

したがって衆生は、あらゆる神仏や聖職者を排して、それらの仏への直接的な帰依を求められた。こと究極の救済という点については、此土の神仏の介在する余地はなかった。神々は仏の意をうけた仏法や国土の守護者としてのみ、その地位を肯定されるのであり、仏を差し置いて神を崇拝する行為は、本末転倒以外のなにものでもなかったのである。

もとより「鎌倉仏教」という概念が有効か、何をもって「新仏教」とするのか、という議論があることは十分に承知している。ここではそれを前提としたうえで、従来新仏教を代表するとされてきた親鸞と日蓮をとりあげ、一種のケーススタディとして、同時代のコスモロジーと対比しつつ、その思想史的位置を探る方法を試みた。

今後、中世のコスモロジーについて、その像をより精密で豊かなものにしていく必要があることはいうまでもない。そのうえで鎌倉時代の思想家一人一人について、それと比較しながらより詳細な検証が試みられる必要があるだろう。「新仏教」と「旧仏教」、「正統」と「異端」などをめぐる議論は、そうした成果をふまえて改めて考えてみたいと思っている。

第三節　神天上の系譜

1　善神捨国と『立正安国論』

いわゆる鎌倉仏教の意義について、それと神祇との関わりに焦点を合わせて考えてきた本章の最後に、日蓮の神祇観を論ずる際に必ず言及される一つの観念をとりあげてみたい。「善神捨国」がそれである。

善神捨国は、日蓮の初期の代表的著作である『立正安国論』に最初に登場する。

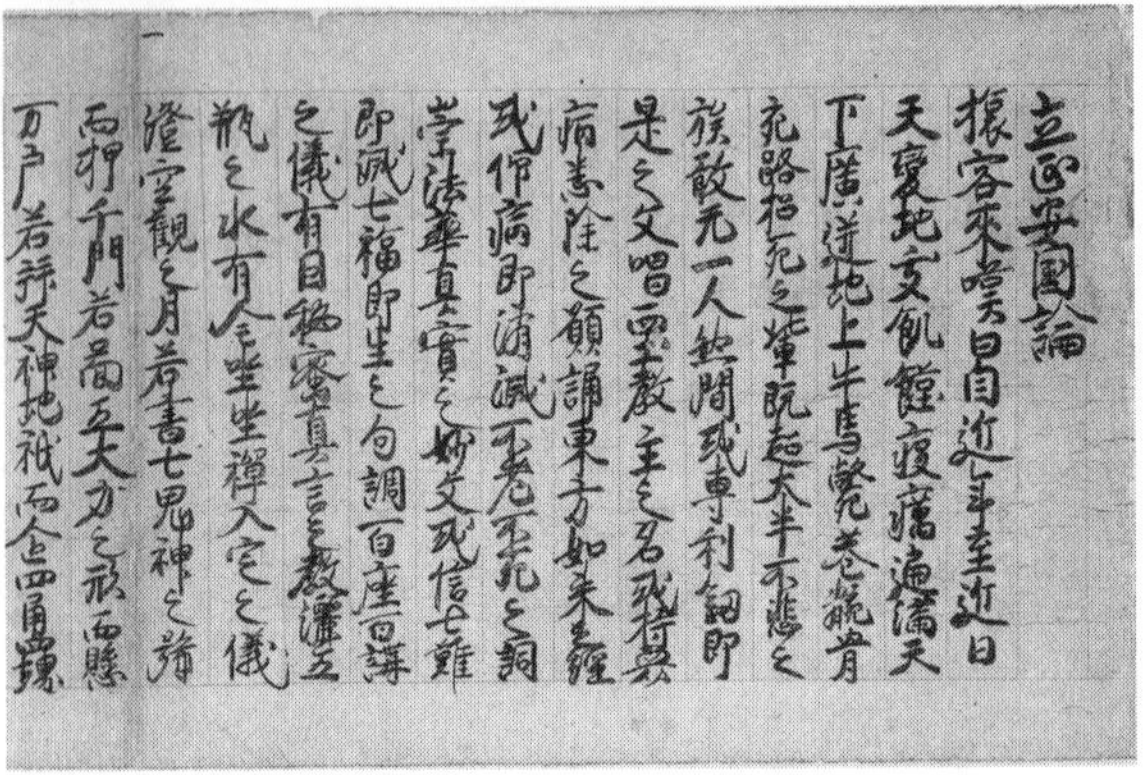

図20　立正安国論（真筆　中山法華経寺蔵）

正嘉年間（一二五七―一二五九）から東日本では、地震・疫病・飢饉といった天変地災が相次いだ。鎌倉を拠点として布教活動を行なっていた日蓮は、この惨状をまのあたりにして、仏典を繙きつつその原因について思索を巡らした。その結果、災害が頻発する根本原因は、正法が廃れ悪法が幅を利かせている仏教界の混迷にあるという結論に達した。その具体的な改善策を記したのが、文応元年（一二六〇）の『立正安国論』[32]である。この書は宿屋入道最信を介して、当時の鎌倉幕府の最高実力者であった前執権、北条時頼に提出された。

『立正安国論』は、日蓮の主張を代弁する「主人」と、彼によって折伏される「客」との対話形式を取っている。日蓮＝

「主人」はこの中で、同時代に頻発する災害の原因を、悪法が流布したために国土守護の善神と聖人が日本を捨てて去り（善神捨国・聖人辞所）、それに代わって悪鬼邪神が跋扈しているためであると断定した。

日蓮によれば、悪法とは法然の専修念仏にほかならなかった。それゆえ彼は、法然の念仏を禁止して正しい教えを広めれば（立正）、国土はおのずから安穏となり人々の平和な生活が実現する（安国）と主張した。逆に、もしこのまま悪法の跳梁を許せば、「自界叛逆難」（内乱）と「他国侵逼難」（外国の侵略）といった、さらなる内憂外患が勃発するであろう、と警告を加えるのである。しかし、結局この献策は、幕府側から何の反応も引き出すことはできなかった。

『立正安国論』の上呈後十四年を経た文永十一年（一二七四）、蒙古軍が壱岐・対馬を侵し、筑前に殺到した。いわゆる文永の役である。やがて日蓮が『立正安国論』で予言した「他国侵逼難」は、この蒙古襲来を予言するものと解釈されることになった。かくして「憂国の予言者」としての日蓮像が定着していくのである。

さて日蓮は、『立正安国論』で災害が続発する原因を善神捨国と聖人辞所に求めたが、その根拠となったものは、『金光明経』をはじめとする経典の記述であった。日蓮が引用した経文のうち、善神捨国に関わる主要な部分には次のようなものがある(33)。

国土守護を使命とする数知れぬ大善神たちも、みな悉くその国を棄て去ってしまうだろう。そのとき国には災禍が相次ぎ、国王は位を失うだろう。(『金光明経』)

そうした不善業を背負った悪王と悪僧が、我がたもつところの正法を破り、天の道・人の道を損なうだろう。衆生をあわれむ諸天善神はこの濁悪の国を見捨てて、ことごとく他の地へ向かうであろう。(『大集経』)

一切の善神がみなその国を棄ててしまったならば、いかにその王が命令しても人民は従うことなく、常に隣国の侵略にさらされるであろう。(『大集経』)

日蓮はこれらの経文に依拠しつつ、もし国土の安穏を実現しようと思うのであれば専修念仏を禁止し、日本を棄て去った国土守護の善神を呼び戻すことが不可欠である、と主張するのである。なお、ここでいう「善神」とは、四天王を中心とする仏教の天部の守護神をさしており、『立正安国論』の段階では日本の神祇に言及されることはなかった。

2　善神捨国の源流

『立正安国論』に説かれる善神捨国は、日蓮の「予言」の根拠をなす論理であり、その思想を特色づけるものとしてあまりにも有名である。しかし、善神捨国は日蓮の専売特許ではなかった。

鎌倉時代の旧仏教側の代表的な学僧、華厳宗の高弁はその著『摧邪輪』において、『華厳五十要問答』に依拠しつつ次のように述べている。

もし邪法・正法が入り雑じれば、一切の仏法はそれにふさわしい素質をもった人にめぐりあうことができないまま滅んでしまうであろう。多様な資質をもった人々は、それにふさわしい仏法に出合うことのないままむなしく死を迎えることになる。それが原因で三宝が滅び、国土が損なわれる。善神が国を捨て、代わりに悪鬼が国に入り、三災を起こし、やがて十善の帝王を廃するに至るであろう。[34]

ここに展開される、邪法の流通→正法の衰微→善神捨国→災害発生という図式が、『立正安国論』と共通するものであることは説明するまでもないだろう。しかも『摧邪輪』のいう「邪法」とは法然の専修念仏をさしているのであり、日蓮は法然を批判するにあたって、この著作を参照したふしが窺えるのである。そのため日蓮の「善神捨国」の直接的なルーツを、この『摧邪輪』に求める見解もある。[35]

私はそうした可能性を否定するものではない。しかし、他方では「善神捨国」の観念が、高弁から日蓮へという単線的な影響関係を越えて、平安後期以降の社会にかなりの程度定着していた事実を見落とすべきではなかろう。

現在私が知るかぎり、神が日本を捨てて天に帰るという記述のもっとも古い例は、『八幡宇佐宮御託宣集』に載せられた天平勝宝七年（七五五）乙未の託宣中の、「もし我が氏人の中に一人でも愁え嘆くことがあれば、私は社を去って虚空に住して、天下に種々の災を起こすであろう[36]」という言葉であるように思われる。この文は以後『八幡愚童訓』など、八幡宮関係史料に繰り返し引用される。だがこの託宣そのものは史料的に問題があり、奈良時代のものと考えることは難しい。

また円珍の作とされる『智証大師御記文』には、「天神捨離。地祇忿怒」という言葉があったとして、後に『吾妻鏡[37]』などに引用されているが、これも後世の偽作である可能性が非常に高い。

より確実な善神捨国の初見例は、貞観十三年（八七一）の「安祥寺伽藍縁起資材帳」にみえる、『薩遮尼乾子経』に依拠した、「もし国内にこのような悪人がいるときは諸仏や聖人は国を見捨てて去り、諸天は悲泣し、善神も護らず、殺しあいが起こって四方の賊が蜂起するだろう[38]」という文ではなかろうか。この他にも、「百神上天」のゆえに神々が不在である[39]（『左経記』長元四年五月十一日条）といった記述はみられるが、神が国土を捨てて擁護しないといった発想は、平安時代までは必ずしもポピュラーではなかったようである。

善神捨国が定型化した表現をとってしきりに説かれるようになるのは、先述の『八幡宇佐宮御託宣集』や『智証大師御記文』が繰り返し引用される中世に入ってからのことである。たとえば天台宗安居院の唱道関係史料には、「仏神が永く我が国を棄ててしまったか」[40]（『公請表白』）、「諸天がその国を棄てて去る」[41]（『拾珠抄』）といった言葉が散見される。

山王神道では、天照大神が日本を棄てて他所にいってしまったという説話が語り伝えられていた（第四章第四節参照）。「善神国を去る」という表現は、『天地神祇審鎮要記』[42]『旧事本紀玄義』[43]などの神道書にもみうけられる。

善神捨国に関連して、鎌倉時代には興味深い史料が登場する。『百錬抄』に仁安元年（一一六六）七月のこととして引かれる、次のようなエピソードである。

> 最近仁和寺近辺の女が夢を見た。天下の政治が不法であるため、賀茂大明神が日本国を棄てて他所へお移りになるというものである。先月に加えて、この月の上旬にも同じ夢があったという。賀茂の社司が内裏、ならびに摂政邸に参じて、これを上奏した。[44]

この話は『古今著聞集』にも引かれており、[45]当時かなり知られたものであったようである。賀茂神の昇天については『新古今和歌集』にも、

> われたのむ　人いたづらになしはてば　また雲わけてのぼるばかりぞ[46]

という歌が収められている。

善神捨国の理念が広く流布した結果、その発想方法は宗教者の世界を越えて、広く世俗社会にまで影響を及ぼすようになった。藤原長兼はその日記『三長記』建永元年（一二〇

六）五月二十三日条で、近年、仲国の妻が白河院の託宣にことよせて信者を集めていたが、彼らが邪宗の徒として処罰されたのは、「我が朝の神が我が国を棄てていない証拠である」(47)と記している。

より詳細に検討を加えていけば、これまであげた善神捨国に関する史料の間に、相互の影響関係を見出すことができるかもしれない。さらに多くの例を発掘することに加えて、それを明らかにすることもまた今後の課題である。

しかし、これまでの論述から少なくとも、国土の災難が守護の善神の不在によるものであるという発想が、中世には広く一般化していた状況を窺うことはできるであろう。日蓮の『立正安国論』の有名な「善神捨国」も、こうした思想状況をふまえて形成されたものだったのである。

3　神天上と中世コスモロジー

日蓮の特色とみなされてきた善神捨国の観念が、実は中世においては広く流布していた理念であったことを指摘した。こうした見解が承認されるとすれば、私たちが真に明らかにすべきことは、中世社会に共有されていた善神捨国の観念に対する、日蓮のそれの特色でなければなるまい。

その前に一つ考えておく必要のある重要な問題がある。なぜ中世において、善神捨国の観念が広く受け入れられることになったのか、という問題である。

すでに繰り返し言及したように、国土守護の善神が此土を棄てることによって災害が起こるとする発想は、経典そのものにみえるものであった。日蓮も『金光明経』『大集経』に依拠してそれを論じている。善神捨国の観念の淵源が経典にあるとしても、それが中世に頻出する理由はどこにあるのだろうか。しかもそこでは仏教の守護神にまじって、天照大神・賀茂神・八幡神といった日本の代表的な神々が、この国土を棄て去るとされているのである。

この疑問を解く鍵は、本書においてこれまで述べてきた中世的コスモロジーの形成と、その内部への日本の神の位置づけにあると考えられる。

中世においては、日本の神は十界論を核とするコスモロジーの内部に組み込まれていた。そこでは神々は仏の垂迹であるとともに、賞罰の力を行使することによって人々を彼岸の仏へと結縁させる役割をもつものとされた。

以下にあげるものは『沙石集』に収められたエピソードである。

承久の乱が勃発すると、戦乱に巻き込まれることを恐れた尾張国の住民たちは、家財道具をもって熱田神宮の境内に避難した。多数の人々が一か所で生活を営めば、誰かが死ぬこともあり、子供が生まれることもあった。死穢・産穢によって社頭を汚されることに弱り果てた神官たちは神意を求めて祈請したが、それに応えて下された託宣は、「私が天よりこの国に下ったのは、万人を育み助けるためである。穢れを忌むのは状況によるのであり、いまはそのようなことをいっているときではない」というものであった[48]。

ここにみえる「天よりこの国に下る」という文は、この段の別の箇所では「和光同塵」という言葉で言い換えられている。末世の衆生を救うべく仏がこの日本にふさわしい姿を示すこと=和光同塵が、「天より下る」というイメージで捉えられているのである。

だがそうした仏の温情あふれるはからいにもかかわらず、五濁の衆生は容易にその意に従おうとはしなかった。彼らを正しい方向に向けるために、神が厳しい賞罰を駆使せざるをえなかったことは、すでにみてきたとおりである。そして日本を棄てるという行為こそが、神の下すもっとも厳しい懲罰の一つだった。神が「社を去りて虚空に住す[49]」(『託宣集』)ることによって、守護神が不在となり、暗黒状態となった天下に種々の災いが頻発することになるからである。

その際、神が日本を去ることを、娑婆世界内部での単なる場所の移動ではなく、本地に帰るというイメージで捉えるものがあったことは注目してよい。

嘉元二年（一三〇四）のことであった。興福寺と土地の地頭との間でトラブルが発生し、鎌倉幕府から寺家に対して数々の処分が加えられた。寺僧たちがそのことを嘆き、みな逐電したところ、紅葉の時期には早い七月はじめから春日山の木々の葉が色を変え、落葉を始めた。神護景雲二年の御託宣にある、「末代に及んで神事と政道が乱れたときには樹木がたちまち枯れ、我は当山を去りて天城に帰るであろう」という言葉が思いあわされる。いま春日大明神は垂迹の扉を閉じて、「本覚の城」にお帰りになったのであろうか。(50)（『春日権現験記』）

私は先に、神が天から日本に下ることが垂迹のイメージで捉えられていたことを指摘した。ここでは逆に、神が日本を棄てることが、仏の世界への復帰とみなされている。この点についても『融通念仏縁起』にも次のような記述がある。

一切の神慮にかないたいと願う人は、諸々の社壇に参詣して神々が本意とされる念仏を法味として捧げれば、神は五衰の運命と三熱の苦しみから解放され、「本覚真如の城」に遊ばれることだろう。(51)

善神捨国の理念が中世的コスモロジーの成立と密接不可分に関わっていることは、これらの点からますます明らかであろう。善神捨国が広く社会に根付くためには、その前提として本地垂迹説の定着が不可欠だったのである。加えて、捨国の原因としての衆生の背信という理由にも、仏法を護り賞罰を司る存在とされていた、中世の神観念との密接な関連を見て取ることができるであろう。日蓮の善神捨国説は、こうした当時の思想界の最新の動向を背景として形成されたものだったのである。

かつて太古の昔、神は遊幸する存在だった。山や川など印象的な景観をもった特定の「地」に棲んで祭りを受ける神もあったが、空間を自由に移動し、ある季節や祭りの折りにだけ祭場に来臨するのが、神の基本的性格であったといわれる。それに対し、古代の国家体制が整備されていくにつれて、神は社殿や王宮内に常在して王権を守護するもの、という観念が形成された。神は一定の地に留まるという見方は、やがて宮廷世界を越えてしだいに社会全体に共有されていくのである。

そして中世にはいると、仏を基軸とするコスモロジーに組み入れられた神は、悟りの世界と此土の間を自在に往返しつつ、衆生救済の使命に邁進する存在とされるに至った。善神捨国説はその淵源を経典に発しながらも、そうした新たな神のイメージの定着を前提として成立する、時代性を強く帯びた理念だったのである。

エピローグ　ある個人的な回想

1

私が生まれ育った故郷は、宮城県南部の山村だった。阿武隈山地がしだいに山幅を狭め、仙台平野の南を区切る阿武隈川に落ち込んでその終焉を迎えようとするところに程近い、山地の山ひだに入り込んだ谷の一つがその地だった。

私が物心ついたのは、戦後の復興が終わり、日本がいままさに高度成長を迎えようとする時代だった。しかし、村はそうした社会の動きとは無縁であった。茅葺き屋根の我が家には、水道もガスもなかった。水は裏手の井戸から毎朝釣瓶《つるべ》で汲み上げ、台所の土間に置かれた大きな瓶にいれて炊事に使った。電気だけは引かれていたが、電気製品といえば部屋ごとにある小さな電灯と、真空管式のラジオしかなかった。

谷間にある村に、夜の訪れは早い。とりわけ冬の日は短かった。もっとも近い隣家まで一町以上もある一軒家の我が家は、夜は完全な闇に閉ざされた。日没後は、よほどのことがないかぎり外を出歩くものはいなかった。

玄関に続く土間に接する板張りの居間には、囲炉裏が切ってあった。寒い季節ともなればそこに火が入れられ、自在鉤《かぎ》には古い鉄瓶が懸けられた。

私はそのそばに寝そべっては祖父母の話に耳を傾け、絵を描くのが日課だった。戦前も戦後もない、昔から続く生活のリズムがそこにあった。

幼少の頃、私は極度に病弱だった。すぐに熱を出しては寝込むことが多かった。容態が悪くなると、食物も喉を通らなくなった。無理して口にいれてもすぐに吐き戻した。何も口にしなくても吐き気はやまなかった。胃液がなくなり、からだ中の水分が失われると思えるまで嘔吐を続けた。

そうしたときは、痩せて骨ばった体をじっと床に横たえているしかなかった。外で遊ぶことなど夢のまた夢であった。私は障子戸にはめられたガラスごしに、農道を小学校に通う子供たちの姿をぼんやりと眺めていた。

それでも体調がいいときには、祖父に連れられて村を歩いた。細く割いた竹で編んだお気に入りの丸い帽子をかぶり、子供がもつような赤いビニール製のカバンを手にし、祖父はおぼつかない足取りで私の手を引いて村をめぐった。

村は阿武隈山地から延びる支脈が造る低い丘にはさまれてあった。祖父は時折り、私を連れて村を見下ろす丘に登った。村の中央を走る農道を脇にそれ、畑の間を縫う道を辿ると、すぐに丘の上り口に行きあたった。植林した杉や雑木林の作る樹木のトンネルを抜け、炭焼き窯を横に見て数分登ると、そこはもう支脈の尾根だった。

尾根には小道が続いていた。クマザサに覆われた踏み跡に沿って尾根を歩くと、すぐに小さなピークに行き当たった。尾根のコブが作るピークごとに、何を祭るとも知れない小さな祠《ほこら》があった。

私の家の裏山にも、「おてんのさん」と呼ばれた神が祭られてあった。それが「牛頭《ごず》天王」のことであることを知ったのは、かなり後になってからのことだった。薄暗い森を歩いた目には、神社のうえにポッカリ円くあいた空がとても眩しく感じられた。社殿の床下には蟻地獄があり、背後の巨木にはムササビが巣を作っていた。

神社のある高台からは木々の幹越しに、点在する村の家々が眺められた。東方には「東山」と呼ばれていた阿武隈山地の稜線がシルエットをなしていた。西には開けた谷の先に、村の境をなす「大川」（阿武隈川）が大蛇に似た姿を横たえていた。夕方になると、西日を受けた水面が鱗のようにきらめいた。

2

そのころ私はしばしば奇妙な感覚に襲われた。

昼に寝ていることが多く、夜も早く床につく私は、よく真夜中に目を覚ました。常夜灯などない時代である。雨戸の節穴から縁側に射し込む月の光だけが、障子に丸い影を落とした。月のない夜は真の闇だった。

私は闇に支配された空間を凝視していた。何もみえないだけに、五感はかえって鋭敏になった。衰弱が激しいときは、なおさら感覚が研ぎすまされた。

さまざまな音が耳に飛び込んできた。ゼンマイ式の柱時計が時を刻む音が、高くなったり低くなったりのうねりを繰り返しながら枕元を過ぎていった。頭上の梁《はり》を鼠が走り、家の軒下をかすかな羽音をたててコウモリが飛び抜けた。

室を満たす空気の変化も、はっきりとわかるようになった。大気の密度や湿度は、日によって微妙な違いをみせた。室内の空気のかすかな動きが肌で感じとれた。大気はまた多彩な臭気によって満たされていた。それは季節と時間に応じて、少しずつ変化した。

闇そのものにも濃淡や質量の相違があることに気づいた。漆黒の闇が、実は無限の彩色をもった世界だった。

そうした感覚に全身で浸っていると、ときおり私は、自分が二十四時に区切られた時間をもつ現世とは別次元の世界にいるような気分にとらわれた。

ある夜のことである。

私は深夜に目覚めた。熱が出たのか、全身に寝汗をかいていた。寝返りを繰り返しても不快感はやまなかった。息苦しさのあまり、私は隣に寝ている母を起こそうかと思った。そのとき、誰かが私の頭に触れた。細い骨ばった指の感触が確かに感じ取れた。ひと撫でするごとに体の痛みが取れ、呼吸が楽になった。

眠りに落ちる前に、私は一瞬だけ目を開けた。白い着物を着た老婆が坐っていた。闇の中に老婆だけが、微小な光源をもつ行灯《あんどん》のようにぼうっと浮かび上がっていた。

夜中に天井板の木目模様がはっきりと見て取れたこともあった。ときには、闇に満たされた室内を、何か大きな物体が移動していく気配が感じられた。

これらの出来事はすべて、真夜中に起こったことだった。熱にうなされての夢だったのかも知れない。しかし、時折りそうした不可解な現象が白昼に生起することもあった。その中で、いまでもはっきりと脳裏に刻み付けられた光景がある。

私が三、四歳の頃のことだったと思う。麦の刈り入れが終わった初夏の季節であったろうか。私は家の縁側から外を見ていた。

激しい雷が鳴り、立て続けに稲妻が走った。驟雨が地面を叩いていた。庭に続く麦畑の先には柿の木があった。縁先からその木まで、五、六十メートルほどの距離だった。

柿の木のそばに、それはいた。西の方角を向いたまま、じっと動くことなく雨に打たれていた。稲妻が光るたびに、その体が白く光ってみえた。

私は母に、あれは何か、と尋ねた。

大工さんがつくったのよ、というのが答えだった。

それはあいかわらず、身じろぎもせずに雨の中に立ち続けていた。

後になって、私はたびたびその光景を思い出した。あれはいったい何だったのだろう。だいぶ時間がたってから、私はようやく気づいた。——母にはあれが見えていなかったのだ。

思えば幼少の時、私は他にもさまざまなものを見たような気がする。庭にいるとき、頭上を音もたてず、銀色をした巨大な物体がよぎっていったこともあった。

そうした出来事が、そのころの私にはあまりにも自然であった。体の周囲を風が吹き抜けるように、日が登り月が沈むように、木々の葉が色を変えるように、それらは日常生活に溶け込んでいた。そこにはなんの恐怖も驚きもなかった。

ただ一度だけ、私は邪悪な気配を感じ取ったことがあった。

私の体の弱いことを案じた父は、なるべく私を外に連れ出そうとした。ある日、父は私を肩車して散歩に出かけた。村の中心を流れる小川にそった農道を上手に向かうと、堤とよばれる貯水池があった。道はその土手に登り、池を右に巻いて谷の奥へと続いていた。父はさらに先に進もうとした。

私は道の前方に、何か得体の知れないものの存在を感じた。名状しがたい恐怖に捉われた私は、父の肩で必死にもがいた。父は仕方なく、そこから家へと引き返した。

父は後々までそのことを話題にした。——なぜ突然、訳もなく暴れだしたのか。説明しようもないことだった。当時の私にとっては、自分でも不可解な出来事だったのである。

そうした現象は私が小学校に入学するころから、しだいに周囲から姿を消していったような気がする。私が十歳のときに、我が家は仙台に移った。中学に入ってから、私は本格的にスポーツをはじめた。虚弱だった私は、わずかの間に人一倍屈強な身体を手にいれた。いつしか私は、その存在を忘れ去っていた。

3

人はなぜ不可知な世界に心惹かれるのであろうか。

そうした世界が実在するか否かは、さしあたって私の関心事ではない。私が興味あるのは、それがいまなお人々の関心を引きつけているという事実である。

近代は脱宗教の時代であるといわれる。科学的な精神が浸透し、人工の灯りが闇を消し去るに連れて、宗教の占めていた非合理な世界はしだいに片隅へと追いやられ、最終的にはその居場所を失って消失する、というのがつい最近までの見方であった。

しかし、それは誤りだったようである。世界各地にみられる民族主義と結びついた宗教の復興の問題はさておいても、現代人が不可知な世界やオカルトに寄せる関心は、いっこうに衰える気配がない。若い女性向けの週刊誌には、かならずその週の運勢のコーナーがある。携帯電話さえ、占いサービスがセールス・ポイントになっている。夏ともなればテレビの怪奇特集は花盛りである。

子供たちの世界でも、次々と新たな妖怪が生まれている。いま少女たちの間では安倍晴明と陰陽道がブームになっているという。冥界への関心と畏怖は、おそらくは人類とともに生じ、人間が人間たりうるかぎり決して消えてしまうことはないのであろう。

私はこれまでの長い歴史の中で、現代は不可知なる世界とのつきあいかたがもっとも下手になってしまった時代なのではないかと思う。

よくいわれることであるが、いま日本人に宗教に関するアンケートを取ると、大半の人々から「無宗教」という答えが返ってくる。他方で、日本人が異界によせる関心があいかわらず高いことは、先に述べたとおりである。私はここに、いまの日本人が抱える心中の深い亀裂を垣間見ることができるような気がする。——人々は不可知なる世界に強い関心をいだいている。にもかかわらず、それとの適切な関係のもち方がわからないのである。

私はだからといって、皆に信仰をもてと勧めているわけではない。異界とのあいだに生じる精神的な葛藤は、信仰者になれば解決するというものではない。

不可知なる世界との関わりは神仏に祈ることではなく、まず自然と向き合うことにはじまる、と私は思う。川の流れに足を浸し、日なたの草のにおいを嗅ぐことである。梢を吹き抜ける風に、せせらぎや波の音に、静かに耳を傾けることである。漆黒の闇に身を任せ、その闇の底に心を癒す温かさを感じ取ることである。人間を超えたものへの畏敬のまなざしは、必ずやその感性と想像力を豊かにしてくれるだろう。他人の苦痛をみずからの痛みとして感じ取れる精神を育んでくれることだろう。

だが、いまの子供たちにそうした機会はあるだろうか。扉がことこと鳴る音を、風のノックとみる心のゆとりはあるだろうか。夜空の星に古代の神話のドラマを思い描く空想力をもっているだろうか。ただの一本の木の棒を、馬にも銃にも魔法の杖にも変えることができるであろうか。

真の闇を知らない子供が、その闇のもつ包み込むような温かさを知ることはできない。そこに芽生えるのは、暗闇への恐怖だけである。闇は身を隠し心を癒す場所ではなく、人工の灯りによって消滅させるべき対象でしかない。

口裂け女、トイレの花子さん――いま子供たちの世界で生まれる妖怪は、みなグロテスクで即物的である。かつて恐ろしさとともに妖怪がもっていた、温かみ、ユーモアといった属性は、そのかけらもない。

そして、異界といびつな関わりしかもつことができないままに育った青年たちは、そうしたものへの免疫性と批判力をまったくもたないゆえに、安易に低俗なドグマをもった宗教へと走ってしまう。自身の心の闇ときちんと向き合うことなく、「無神論」の名目のもとにそれを封印してきた現代人は、いまその手痛いしっぺ返しを受けているのである。

だが、日本人が昔から一貫してそうだったわけではない。他の民族と同様、日本人もまたかつては異界との上手なつきあい方を知っていた。それによってみずからの心を豊かにするすべをわきまえていた。中世とはそうした時代だったのではないかと私は思う。

宗教をめぐるさまざまな問題が噴出しているいま、私たちが現代の精神状況の位相を明らかにし、その根源に潜む問題を探るためには、このような視点から私たち自身の心の歴史を振り返ってみる必要があるのではなかろうか。

4

とはいっても、研究者としての私ができることにはおのずから限界がある。

人が不可知な世界によせる関心が、歴史を超えて普遍的に存在することはすでに述べた。しかし、人がそれを言語化し、概念化し、体系化しようとするに当たっては、おのずからさまざまな制約があった。

まず、その時点でどのような宗教的な言説の枠組みがすでに存在していたかという問題は、決定的に重要である。あるイメージを概念化していくにあたっては、先行する論理体系に依存することを余儀なくされるとともに、それによって、そこから必然的に多大な影響を被ることになるからである。

また、社会構造や地域性による偏差も見落とすことはできないであろう。たとえば血縁共同体が生活の隅々までを規制していた時代と、それが解体して広範な「個」が析出してくる時代とでは、人々の意識に大きな落差があることはいうまでもない。人が共同体の内に埋没していた時代には、個人への祟りは決して一般化することはなかった。

研究者としての私がなすべきことは、作家のように人の心に直接垂鉛をたれて、その心の奥底に潜む光と闇をつかみ出すことではない。そうした深層の意識が、時代と地域によってどのような具体的な異界のイメージとして顕現し、それが時間の流れに伴ってどのような変貌を遂げていったかを、さまざまな思想の交流に目配りしながら、客観的かつ構造的に明らかにしていくことである。

中世人は異界とのつきあいが、現代人よりも遥かに親密であった。彼らの日常生活は神仏とともにあった。中世人は風の音や鳥のさえずりに神仏の声を聞くことができた。中世は神仏の息遣いが聞こえ、護法童子や天狗の歩き回る時代だった。

そうした中世の精神世界の豊穣さを描写しようとする場合に、人間と神仏が交感する個々の具体的なシーンを、可能なかぎりリアルに描き出すという小説的技法をとることもありうるだろう。だが本書において私は、そうした方法は用いなかった。中世人が共有していたコスモロジーの全体構造を再現し、その膨らみと広がりと精緻さの中に、彼らの想像力とその豊かさを示そうと試みたのである。

もとより異界や神仏が、常に人間にとって好ましい存在だったわけではない。それは人間の豊かな感性と想像力の産物であるとともに、ひとたび形を与えられた神仏が、逆に人間を束縛し支配するケースも少なくなかった。今日社会問題になっている霊感商法や法外な戒名料にも窺われるように、神仏が人々を精神的・経済的・政治的に抑圧する道具になった例は数知れない。人が神仏とかかわることなしに生きることのできなかった中世においては、それはなおのこといっそう重い問題だった。

私はそうした問題が存在することを知っている。その深刻さについても十分に承知している。そのことについてはこれまでも論じてきたし、今後も考えていきたいと思っている。その上でなお、現代の精神状況を照らし出し相対化する視点として、中世人と冥界との関わりに焦点をあわせてみたいと思うのである。

本書は私のもっとも新しい問題意識に基づいて書かれたものである。本書で提示した論点の多くはいまだに仮説の段階であり、十分な実証が伴っていないことは私自身が誰よりもよく自覚している。しかし、それにもかかわらず私がこうした研究を示そうとするのは、神仏交渉論をめぐる研究がいま、一種の閉塞状態に陥っているという認識があるからである。そして、そのもっとも厚い壁となっているのが、個別の実証というよりは視座や方法の問題であると考えているからである。

私は本書において、神仏交渉論を考えるにあたっては、なによりもまず無意識に忍び込んでいるところの、神と仏との間に一線を画する現代人のまなざしを排除する必要があることを指摘した。そしてその上で、従来の研究で用いられてきた「神仏習合」「本地垂迹」「神国」などといった諸概念についても、抜本的な再検討の必要があることを論じた。神仏交渉論は、そうした中心的概念の見直しの上に、改めて築き上げていかなければならないと私は思う。

本書の提言が小さなつぶてとなって、神と仏にかかわる研究領域にいささかの波紋を起こすことができれば、これにまさる喜びはない。

註および原史料

プロローグ

（1）鳥羽重宏「天照大神の像容の変遷について」（『皇学館大学神道研究所紀要』一三輯、一九九七年）。
（2）『新訂源平盛衰記』二、三三一―三三三頁。
（3）水上文義「『山王由来』に見る神話と口伝」（『神道古典研究所紀要』一号、一九九五年）。
（4）折口信夫「天照大神」（『折口信夫全集』二〇、中央公論社、一九五六年）、岡田精司「古代王権と太陽神――天照大神の成立」（『古代王権の祭祀と神話』塙書房、一九七〇年）。
（5）真福寺善本叢刊『両部神道集』四九八頁。
「□面光曜而身色黄光也。身量六尺六寸。心神賢聖、直和也。言語無誕詐。具二根、共為男女。是今之両娚始也」
（6）日本古典集成『方丈記・発心集』二二七―二二九頁。
（7）日本思想大系『往生伝・法華験記』二四七―二四九頁。
（8）神仏習合に関する研究史をめぐっては、山折哲雄「古代日本における神と仏との関係」

（『東北大学文学部研究年報』二九号、一九七九年）、林淳「神仏習合研究史ノート」（『神道宗教』一一七号、一九八四年）を参照されたい。たとえば、最新の研究である義江彰夫『神仏習合』（岩波新書、一九九六年）も、基本的にはこうした視点に立っている。

第一章

（1）日本古典文学大系『日本書紀』上、四四六頁。

（2）同、三二六―三二八頁。

（3）折口信夫「「ほ」・「うら」から「ほがひ」へ」（『折口信夫全集』一六、中央公論社、一九五六年）。

（4）新訂増補国史大系『続日本後紀』一三八頁。
「頃者炎旱渉旬。秋稼焦枯。詢諸卜筮。伊勢八幡等大神為祟。命神祇伯大中臣朝臣淵魚祈禱焉」

（5）斎藤英喜「玉体と祟咎――「御体御卜」あるいは天皇の身体儀礼と伝承」（『日本文学』三八巻一号、一九八九年）、西山良平「〈聖体不予〉とタタリ」（『日本古代国家の展開』上、思文閣出版、一九九五年）。

（6）新訂増補国史大系『延喜式等』一七五頁。
「皇御孫之尊乃天御舎之内尓坐須皇神等波。荒備給比健備給事無志氐。高天之原尓始志事乎。神奈我良毛所知食氐。神直日大直日尓直志給比弖。自此地波。四方乎見霽山川能清地尓遷出坐氐。吾地止宇須波伎坐世止。進幣帛者」

（7）斎藤英喜「託宣・祝詞――「遷却祟神」祝詞を中心に」（『説話の講座』二、勉誠社、一九九一年）、寺川真知夫「「遷却祟神」を奏する祭儀」（『古代祭祀の歴史と文学』塙書房、一九九七年）。

（8）折口信夫「大嘗祭の本義」（『折口信夫全集』三、中央公論社、一九六六年）。

（9）熊谷公男「古代王権とタマ（霊）――「天皇霊」を中心に」（『日本史研究』三〇八号、一九八八年）。

（10）草薙剣の祟りは『日本書紀』朱鳥元年六月十日条に、石は『続日本紀』宝亀元年二月二十三日条に、蛇は『常陸国風土記』「行方郡」に、聖徳太子の遺髪は『続日本後紀』承和四年十二月八日条に、それぞれみえる。

（11）日本古典文学大系『日本書紀』下、一四九頁。

（12）『本居宣長全集』九（筑摩書房、一九六八年）一二五頁。

（13）米井輝圭「古代日本の「祟りのシステム」――律令国家における「祟り」の用例」（『東京大学宗教学年報』一〇号、一九九二年）。

（14）『群書類従』一、七五頁。

（15）斎藤英喜「祟る神と託宣する神」（『日本の神』一、平凡社、一九九五年）。

（16）日本思想大系『律令』九九頁。

（17）増補史料大成『小右記』二、二―三頁。

(18) 同、三八頁。
「資平従内罷出云、主上今日御心地宜御、似御風病、亦御赤面、若御邪気歟」
(19) 増補史料大成『左経記』一五〇頁。
「小一条院、年来煩霊気、水漿不通、已及数月」
(20) 増補史料大成『水左記』一五八頁。
「昨日令陰陽師有行朝臣占之処、悪身之上邪気成祟歟」
(21) 岩波文庫『紫式部日記』一二頁。
「御物怪どもかりうつし、かぎりなくさわぎののしる」
(22) 同、一六頁。
「御物怪のねたみののしる声などのむくつけさよ」
(23) 佐藤喜代治『一語の辞典 気』三省堂、一九九六年。
(24) 岩波文庫『古事記』一〇〇頁。
「意富多多泥古をもちて、我が御前を祭らしめたまはば、神の気起こらず、国安らかに平らぎなむ」
(25) 新訂増補国史大系『日本三代実録』前篇、一七七頁。
「阿蘇大神懐蔵怒気」
(26) 新訂増補国史大系『続日本後紀』一七七頁。
「相楽郡牛斃尽無余。綴喜郡病死相尋。郡司百姓求之亀筮。就于仏神随分祓攘。曾無

止息。移染之気于今北行者。令卜其由。綴喜郡樺井社及道路鬼更為祟。則遣使祈謝
之」

(27) 同、一二二頁。
「又伊豆国尓有地震之変。是乎卜求礼波。旱疫及兵事可有止卜申。自此之外尓母物恠亦
多」

(28) 同、二三七頁。
「頃間物怪在尓依天。卜求礼波。掛畏岐御陵為祟賜倍利止申利」

(29) 新訂増補国史大系『日本三代実録』前篇、一七四頁。
「延暦以往。割大神封物。奉幣彼諸神社。弘仁而還。絶而不奉。由是。諸神為祟。物
恠寔繁」

(30) 森正人「モノノケ・モノノサトシ・物怪・怪異――憑霊と怪異現象とにかかわる語誌」
(『国語国文学研究』二七号、一九九一年)。

(31) 日本古典文学大系『日本霊異記』一七五頁。
「ただ親王の骨は土佐の国に流す。時にその国の百姓死ぬるもの多し。ここに百姓患
へて官に解して言さく「親王の気に依りて国の内の百姓みな死に亡すべし」といふ。
天皇聞きて、皇都より遠ざけむ為に、紀伊の国の海部の郡の椒抄の奥の島に置く」

(32) 新訂増補国史大系『続日本紀』前篇、一二三頁。

(33) 同、二三七頁。

(34) 笠井昌昭「縁起神道の成立――天神信仰と本地垂迹思想」(『日本精神史』ぺりかん社、一九八八年)。
(35) 八重樫直比古「空と勝義の孝――古代仏教における怨霊救済の論理」(同)。
(36) 新訂増補国史大系『日本紀略』前篇、二六六頁。
「皇太子久病。卜之。崇道天皇為祟。遣諸陵頭調使王等於淡路国。奉謝其霊」
(37) 同、二九〇頁。
「遣使於吉野山陵。掃除陵内幷読経。以亢旱累旬山陵為祟也」
(38) 新訂増補国史大系『続日本後紀』二六九頁。
「先帝(嵯峨天皇)遺誡曰。世間之事。毎有物恠。寄祟先霊。是甚無謂也者。今随有物恠。令所司卜筮。先霊之祟明于卦兆。臣等擬信。則忤遺誥之旨。不用則忍当代之咎。進退惟谷。未知何従」
(39) 新訂増補国史大系『三代実録』前篇、一一二―一一三頁。
(40) 同、一五九頁。
(41) 同、一五五頁。
(42) 新訂増補国史大系『本朝世紀』一二頁。
「近日。東西両京大小路衢。刻木作神。相対安置。凡厥躰像髣髴丈夫。頭上加冠。鬢辺垂纓。以丹塗身。(中略)構几案於其前。置坏器於其上。児童猥雑。拝礼慇懃。或捧幣帛。或供香花。号曰岐神。又称御霊」

(43) 疫神を代表する牛頭天王が垂迹の神とされ、鎮守の神として各地に迎え入れられていく過程については、今堀太逸氏の詳細な研究がある(「疫病と神祇信仰の展開――牛頭天王と蘇民将来の子孫」『仏教史学研究』三六巻二号、一九九三年)。

(44) 増補史料大成『小右記』一、四三二頁。
「主上御目、冷泉院御邪気所為云々、託女房、顕露多所申、々事云々、移人之間御自明云々」

(45) 同、一、四三四頁。
「昨資平密語云、律師心誉加持女房、賀静元方等霊露云、主上御目事、賀静所為也」

(46) 同、二、一八一頁。
「夜部邪気託人不称名、気色似故二条相府霊」

(47) 日本古典文学大系『栄華物語』上、三六七―三六八頁。
「大将殿日頃御心地いと悩しうおぼさる。(中略)光栄・吉平など召して、物問はせ給ふ。御物のけや、又畏き神の気や、ひとの呪詛など様々に申せば、「神の気とあらば、御修法などあるべきにあらず。又御物ゝけなどあるに、まかせたらんもいと恐し」など、様々おぼし乱る程に、たゞ御祭・祓などぞ頻なる。(中略)猶この殿は、小うよりいみじう風重くおはしますとて、風の治どもをせさせ給ふ。日頃過るにその験なし。さらに御心地怠らせ給はねば、今はずちなしとて御修法五壇始めさせ給ふ」

(48) 谷口美樹「平安貴族の疾病認識と治療法――万寿二年の赤斑瘡流行を手懸りに」(『日本

史研究』三六四号、一九九二年)。
(49)増補史料大成『小右記』三、六〇頁。
(50)日本古典文学大系『源氏物語』三、三七九―三八一頁。
(51)速水侑「摂関体制全盛期の秘密修法」(『平安貴族社会と仏教』吉川弘文館、一九九五年)。
(52)日本思想大系『寺社縁起』五九頁。
「于時延養、観音を恨奉りて云く、「垂迹の神明こそ現罰烈しくとも、本地大望の慈悲は豈可然哉」」
(53)日本古典文学大系『平家物語』上、一五六頁。
「あやまたぬ天台座主流罪に申おこなひ、果報やつきにけむ、山王大師の神罰冥罰をたちどころにこうぶって、かかる目にあへりけり」
(54)日本思想大系『寺社縁起』二五九頁。
「真実の道心もなくして神職をのがれて隠居し、富貴のあまり他所のまじわりを好みて当宮の事を次になす輩は、後生までもなく、現世の神罰をまぬがれず」
(55)『平安遺文』七、三五〇〇号。
「若是申上虚言者、教高之身、御寺三宝春日大明神神罰毎毛孔罷蒙歟」
(56)『鎌倉遺文』二〇、一五四八七号。
「奉始日本国主天照大神・春日権現并七堂三宝、当所護法両所権現、住持伽藍神罰冥罰、可罷蒙毎八万四千毛穴候之状如件」

(57) 同、一、三二九号。

「当社者霊験奇特社壇、賞罰超于余神」

(58) 同、五、三三三四号。

「吾朝者神国也、以敬神道、為国之勤、謹討百神之本、無非諸仏之迹（中略）各卜宿福之地、専調有縁之機、為糺善悪之業因、更施賞罰之権化」

(59) 『続群書類従』二下、六二一頁。

「様《タダヲ》替《テ》神《ト》現《シテ》。不浄《ヲ》誡《メ》不信《ヲ》懲《シ》。慨怠《ヲタヽリ》　精進《ヲスヽメテ》。信不信《ニ》付《テ》賞罰《ヲ》正《シクシテ》。現世後生《ノ》願《ヲ》満《ント》　思食《シケル》也」

(60) 『真宗史料集成』五、八六頁。

「法性真如ノ都ヨリ来給テ、分段同居ノ塵ニ交、権現・大明神ト顕テ、日夜三時ニ三熱ノ苦ヲ受給テ、神ト成給ヘリ。若一紙半銭ノ物ヲ仏法ノ方ヘホトコササラム人ニ祟ヲ成テ、仏法ニ惜処ノ物ヲ得テ、ソレヲモテ、結縁ノハシメトシテ、ヤウヤク極楽浄土ニ引導セシメムトナリ。サレハ童子教ニハ、神明ノ愚人ヲ罰シタマウハ、悪ニハアラス。コラサシメムカタメナリ」

(61) 『群書類従』二、一六一七頁。

「大明神の御たゝりすなはちなどはなけれども。ほどへてかならずかくぞありける」

(62) 日本古典文学大系『愚管抄』三三七—三三八頁。

「一条摂政ハ朝成ノ中納言ヲ生霊ニマウケテ、義孝ノ少将マデウセヌト云メリ。（中略）元方ノ大納言ハ天暦ノ第一皇子広平親王ノ外祖ニテ、冷泉院ヲトリツメマイラセタリ。顕光大臣ハ御堂ノ霊ニナレリ。小一条院御シウトナリシユヘナドカヤウニ申也。サレドモ仏法ト云モノ、サカリニテ、智行ノ僧ヲホカレバ、カヤウノ事ハタ、レドモ、事ノホカナル事ヲバフセグメリ」

(63)『群書類従』二、九頁。

(64)新訂増補国史大系『吾妻鏡』四、七五三頁。

(65)新日本古典文学大系『宇治拾遺物語』一〇八—一〇九頁。
「昔、物の怪わずらひし所に、物の怪わたし候程に、物の怪、物付につきていふやう、「をのれは、たゝりの物の怪にても侍らず。うかれて、まかりとほりつる狐なり」」

(66)『真宗史料集成』五、八二—八四頁。
「イマヽサニ神ノ本地ヲアラワシテ、功徳ヲアマネク法界ニ廻向セシムトオモフニ、三門アリ。一ニハ権杜ノ神ノ本地ヲアカシ、二ニハ実社ノ神ノタタリヲアカシ、三ニハ廻向ノ功徳ヲアカス。神トマウスニ二ノ義マシマス。一ニハ権社ノ神、二ニハ実社ノ神ナリ。第□権杜ノ神トマフスハ、法性ノミヤコヨリイテテ、カリニ分段同居ノチリニマシハリテ、衆生ヲ利益セシメタマフ神（中略）第二ニ実社ノ神ト申ハ、悪霊死霊等ノ神ナリ。コノ神、天地ニミテル悪鬼神ト云。カノ神達、多一切国土ニミチミチテ、タ、リヲナス」

(67)『昭和定本日蓮聖人遺文』三、二〇二六頁。
「抑将に神の本地を顕して功徳を普く法界に廻向せんと思ふに有両門。一には権者の神の本地をあらはし、二には実者の神のたゝりを明す也。然るに神と申に有二義。一には権者。一には実者の神也」

(68)日本思想大系『鎌倉旧仏教』三一三頁。
「第五背霊神失。念仏之輩永別神明、不論権化実類、不憚宗廟大社。若恃神明必堕魔界云々。於実類鬼神者置而不論。至権化垂迹者既是大聖也。上代高僧皆以帰敬」

(69)中村生雄「神仏関係の中世的変容――〈権ノ実〉パラダイムの成立と反転」(『日本の神と王権』法蔵館、一九九四年)。

第二章

(1)『群書類従』二七、五七〇頁。

(2)日本古典文学大系『今昔物語集』三、五〇七頁。

(3)同、四、二一六頁。

(4)同、三、八二頁。

(5)岩波文庫『古事記』一二一頁。

(6)石田一良「日本古代国家の形成と空間意識の展開」(『日本文化研究所研究報告』二集、一九七四年)。

(7) 『神道大系』四七、九三頁。
(8) 日本古典集成『説経集』一二一―一二七頁。
(9) 佐藤進一『古文書学入門』(法政大学出版局、一九七一年)。
(10) 『続群書類従』一一下、八三〇頁。
(11) 『平安遺文』八、四〇〇九号。
「若以虚言恣構申無実者、奉始大仏八幡、惣六十余州普天率土大小神祇冥道之罰ヲ連判之輩身上、各可罷蒙之状、如件」
(12) 同、六、二六四四号。
(13) 『鎌倉遺文』一三、九六二二号。
(14) 『平安遺文』七、三三二九号。
(15) 『鎌倉遺文』五、三一六五号。
(16) 同、一七、一二八九四号。
(17) 同、二一、一六三六五号。
(18) 同、三五、二七三九四号。
(19) 同、一七、一二九五七号。
(20) 同、六、三七九五号。
「若可違如此之制誡者、不蒙三世諸仏、殊尺迦弥陀之冥助、永以無間獄可為棲之状如件」

(21)『平安遺文』八、四二三七号。
(22)日本古典文学大系『栄華物語』上、四五五頁。
(23)小峯和明「聖徳太子未来記の生成」(『文学』八巻四号、一九九七年)。
(24)日本思想大系『往生伝・法華験記』六五四頁。
「有人云。慈恵僧正。為護満山之三宝。為継法門之遺跡。不往浄土。猶留吾山云々」
(25)日本古典全書『梁塵秘抄』一〇六頁。
(26)『鎌倉遺文』二、八五八号。
「奉始梵天帝釈四大天王、惣王城鎮守賀茂下上等大明神、殊別当鎮守八幡大菩薩神罰明罰ぉ良永之身、毎毛穴可罷蒙也」
(27)井上正「神仏習合の精神と造形」(『図説日本の仏教』六、新潮社、一九八九年)。
(28)日本思想大系『往生伝・法華験記』三八頁。
「伊予国越智郡の土人越智益躬は、当州の主簿たり。少きときより老に及るまで、勤王して倦まず。法に帰すること弥劇し。朝は法花を読み、昼は国務に従ひ、夜は弥陀を念じて、もて恒のこととなせり。いまだ鬢髪を剃らずして、早く十戒を受けて、法名を自ら定真と称へり。臨終に身苦痛なく、心迷乱せず、定印を結び西に向ひて、念仏して気止みぬ」
(29)同、三七二頁。
「入道平円は、信濃国水内郡多牟尼山の行人なり。成年二十五にして、出家受戒せり。

加賀国江沼郡の服部上人に随ひて、両部の法を受け習ひつ。その後三時の供養法は、一生間断することなし。また専らに衆経を読誦せず、ただ両界をもて持経となせり。およそこの功徳をもて、極楽に廻向す。外行かくのごとし、内心誰か知らむや。時に治暦年中なり。旦暮七十にして、壇の上に端坐して、定印入滅せり」

(30) 同、二六頁。

「十余箇年山門を出でず、昼は金剛般若を読み、夜は阿弥陀仏を念じたり」

(31) 同、二七頁。

「一生摩訶止観を披見し、また常に阿弥陀仏を念じたり」

(32) 同、三〇頁。

「淳祐に就来て、真言の法を受けき。三密に明かなり。法を受けてより以降、若干の年、三時の念誦、一時も休かず」

(33) 同、三七頁。

「深く仏法に帰して、終に葷腥を断てり。勤王の間、法花経を誦す。天延二年の秋、疱瘡を病ひて卒せり。命終るの間、方便品を誦す」

(34) 同、四〇頁。

「心意柔軟にして、慈悲甚だ探し。常に極楽を慕ひて、念仏を廃めず」

(35) 日本古典文学大系『今昔物語集』三、四七九頁。

(36) 速水侑「『今昔物語集』における霊場参詣勧進説話の形成」(『日本古代の祭祀と仏教』

吉川弘文館、一九九五年)。

(37) 日本古典文学大系『仮名法語集』二〇八頁。
「賀古教信は、西には垣もせず、極楽と中をあけ、あはせて本尊をも安ぜず。聖教をも持せず。僧にもあらず、俗にもあらぬ形にて、つねに西に向て念仏して、其余は忘たるがごとし」

(38) 日本思想大系『往生伝・法華験記』三六三―三六四頁。
「年来毘沙門天、臨終の時に、極楽に導くべしの約言あるをもて、今已顕現せり。故にもて歓喜するなり」

(39) 同、六五七頁。
「奉造地蔵菩薩。其長二尺。以為本尊。夢中。此像荷負上人。指西而行。路過曠野。足触荊棘。即告菩薩云。吾足已傷。望勿引地。菩薩答云。師造我像。太以短小。故足之引地。其不然乎」

(40) 日本古典文学大系『今昔物語集』三、四四六―四四七頁。
「菩薩《ハ》色《ニモ》現《ゼズ》、心《ニモ》離《レ》、目《ニモ》不見《エズ》、香《ニモ》聞《エ》不給《ズト》云《ヘドモ》、衆生《ニ》信《ヲ》令発《ムガ》為《ニ》、霊験《ヲ》施《シ》給《フ》事如此《クゾ》在《シケル》」

(41) 続日本の絵巻『融通念仏縁起』一〇九頁。
「今又、末法に至りて、小国辺土なりと雖も、日本我が朝にして、良忍上人、他力念仏を勧進し給ふ時、三界所有の天王・天衆、悉く、此の念仏を讃嘆称揚して、面々に結縁に入り給ひし事、在世の諸仏の称讃に異ならず。彼は本地極地の如来、是は垂迹和光の応身なり。本迹異なりと雖も、衆生勧化の志、これ同じきものなり」

(42) 日本古典集成『方丈記・発心集』三八四頁。
「げに、神とあらはれ給はざらましかば、無悪不造のともがら、何につけてか、露ばかりの縁を結び奉らましと思ひとけば、かく榊・幣よりはじめ、かたくななる宜禰が鼓の音までも、皆開楽悟入の御かまへなり、とあはれにかたじけなくなむ侍り。しかればすなはち、現世のもろもろの望みこそ、仮の方便とこそしらしめ給はめ。出離生死を祈り申さんに至りては、いかでか、化度の本懐をあらはし給はざらん、と覚え侍るなり」

(43) 日本古典文学大系『沙石集』五九―六一頁。

(44) 佐藤弘夫「破仏破神の歴史的意義」(『神・仏・王権の中世』法藏館、一九九八年)。

(45)『平安遺文』七、三五七六号。
「若又後代(号)有譲与対捍寺役、非住僧之輩事者、顕者為当寺座主人、冥者清滝大明神、可令加治罰也」

(46)『鎌倉遺文』二、五七五号。
「此上庄官百姓等、自及後代、恣致濫訴、不用寺家下知、有好乱行輩者、遠蒙両界諸尊幷大師明神罰、近当御庄鎮守八幡大菩薩幷御庄内大小諸神罰」

(47) 新訂増補国史大系『続日本後紀』一七一頁。

「所謂鴨川。経二神社指南流出。而王臣家人及百姓等。取鹿彘於北山。便洗水上。其末流触神社。因茲。汚穢之祟屢出御卜」

(48) 日本思想大系『鎌倉旧仏教』一五頁。

「仏前仏後の中間に生れて、出離解脱の因縁もなく、粟散扶桑の小国に住して、上求下化の修行も闕たり。悲しみてもまた悲しきは、在世に漏れたるの悲しみなり。恨みてもさらに恨めしきは、苦海に沈めるの恨みなり。いかに況んや、曠劫より以来今日に至るまで、惑業深重にして、既に十方恒沙の仏国に嫌われ、罪障なほ厚くして、今また五濁乱慢の辺土に来れり」

(49) 同、一四頁。

「常に地獄に処すること、園観に遊ぶがごとし」

(50) 同、二一頁。

「悲しいかな、無上の仏種を備へながら、自と云ひ、他と云ひ、無始無終の凡夫として、未だ都べては出離の期を知らず」

(51) 同、二八頁。

「かの仏菩薩は、五濁の我等を救はんがため、専ら大慈大悲の誓願を催されて、かの法性の都の中より出で、忝くも穢悪充満のこの土に雑る。感応利生、眼に遮り、耳に満ち、霊神験仏、此に在り、彼に在れども、発すべきの一念の道心をも請はず、訪ふべきの二親の菩提をも祈らず。(中略) 我進んで道心を請ふ。能所もし相応せば、何ぞその験なからん。納受これなくは、誰か大悲の願を仰がん。もし誠なき時は、感応随つてなし。もし誠あらん時は、利益何ぞ空しからんや。かの二利の要義を思ふに、ただ一念の発心に在り」

(52)『鎌倉遺文』五、三二三四号。

「吾朝者神国也、以敬神道、為国之勤、謹討百神之本、無非諸仏之迹」

(53)『日本大蔵経』六四、三一頁。

「葦原中国者。本是神国也。彼宗廟大社之霊神。多是諸仏菩薩之権化也」

(54)日本古典文学大系『沙石集』六四頁。

「我朝ハ神国トシテ大権アトヲ垂レ給フ」

(55)高橋美由紀「中世神国思想の歴史的意義」(『伊勢神道の成立と展開』大明堂、一九九四年)、佐藤弘夫「中世的神国思想の形成」(『神・仏・王権の中世』)。

第三章

(1)『葛川明王院史料』一〇八—一〇九頁。

(2)『鎌倉遺文』三一、二三九七〇号。

(3)同、七、五二六一号。

(4)東洋文庫『説経集』三〇〇頁。

(5)日本思想大系『寺社縁起』一六二頁。

「わが所行のことは世界の災難よ。帝釈も一向にまかせ給たり」

(6) 東洋文庫『三宝絵』二一八―二一九頁。

(7)『鎌倉遺文』二六、一九四二五号。

「奉始梵天・帝釈・四大天王、三界所有天王天衆、殊大仏・四王・八幡三所、惣日本国中大小諸神冥罰神罰、具可罷蒙之状如件」

(8) 日本思想大系『往生伝・法華験記』八九頁。

「汝この寺に縁あり。専らに他の所に往くべからずといへり」

(9) 講談社学術文庫『今物語』二〇三頁。

(10) 日本古典文学大系『今昔物語集』四、五九頁。

(11)『群書類従』二七、五七一頁。

(12)『浄土宗全書』一五、五二八―五二九頁。

「阿弥陀に縁あつくは極楽を願ふべし。弥勤に契ふかくば兜率を願ふべし。心の引かん方を縁ありとは知るべきか。各思ひ得んに随がへ。いずれをも謗るまじ」

(13)『群書類従』二七、六七一頁。

「此病ハ右京ノ医師ニツクロハスベシ。我ハチカラヲヨバズ。彼此分別ナケレドモ。タダ縁ノ有無ニヨルベキ也」

(14)『定本柳田国男集』(筑摩書房、一九六九年) 一〇、一一〇頁。

(15) 山折哲雄『日本人と浄土』(講談社学術文庫、一九九五年) 一四三頁。

(16) 新日本古典文学大系『日本霊異記』六九―七三頁。
(17) 日本思想大系『往生伝・法華験記』六九二―六九三頁。
(18) 日本思想大系『寺社縁起』六一―六二頁。
「吾朝の補陀落山也。彼所入給て観音に帰し奉らば、往生無疑」
(19) 日本古典全書『梁塵秘抄』八二頁。
(20) 『大正新修大蔵経』八九、八八八頁。
(21) 日本思想大系『法然・一遍』一一七頁。
「兜率は近しといへども縁浅く、極楽は遠しといへども縁深し」
(22) 日本思想大系『往生伝・法華験記』二一五―二一六頁。
(23) 新訂増補国史大系『吾妻鏡』三、一三〇頁。
(24) 日本古典集成『方丈記・発心集』一三七―一三八頁。
「又思ふやう、身燈はやすくしつべし。されど、此の生を改めて極楽へまうでん詮もなく、又、凡夫なれば、もし終りに至りて、いかが、なほ疑ふ心もあらん。補陀落山こそ、此の世間の内にて、此の身ながら詣でぬべき所なれ」
(25) 『大正新修大蔵経』八四、八八七頁。
「然則娑婆而不娑婆。賢聖誰不欣。浄土而不浄土。凡夫実易生（中略）我浄土者遠西方極楽。近補陀洛山也」
(26) 堀一郎「日本に於ける山岳信仰の原始形態」（『山岳宗教の成立と展開』名著出版、一九七五年)。

(27) 日本古典集成『方丈記・発心集』三七六頁。

「末世の機にしたがひて、かりに神とこそ現じ給へど、誠には、化度衆生の御志より発りければ、現世の事をのみ祈り申すをば、本意なくおぼしめすなるべし」

(28) 日本思想大系『寺社縁起』六一―六二頁。

(29) 同、六五頁。

(30) 新訂増補国史大系『本朝文粋』三三四頁。

(31) 石井正敏「入宋巡礼僧」(『アジアのなかの日本史』五、東京大学出版会、一九九三年)。

(32) 新訂増補国史大系『朝野群載』四六一頁。

「五台山者。文殊化現之地也。故華厳経云。東北方有菩薩住処。名清涼山。過去諸菩薩。常於中住。彼現有菩薩。名文殊師利。有一万菩薩眷族。常為説法。又文殊経云。若人聞此五台山名。入五台山。取五台山石。踏五台山地。此人超四果聖人。為近無上菩提者」

(33) 日本思想大系『往生伝・法華験記』五七五頁。

「真縁上人住愛宕護山。(中略)爰知。生身之仏即是八幡大菩薩也。謂其本覚。西方無量寿如来也。真縁已奉見生身之仏。豈非往生之人乎」

(34) 日本思想大系『寺社縁起』六六頁。

「但垂迹の光は朗なれども、来迎引接は本地の誓也。粉河の生身本尊に申すべし」

(35) 同、二二六頁。
「身だも浄土も遠からず。唯誠の生身如来ましまさん当社に参信心あらば、必仏を奉見らん事かたしとせんや」

(36) 岩波文庫『撰集抄』二二七頁。
「阿弥陀仏、すがたを凡夫に化同ましまして、我等ごときのさうさうの機のために縁を結びて安養界へみちびき給ふこと、申出も事も愚かなれ」

(37)『大日本仏教全書』一四八、九〇—九一頁。

(38) 支配イデオロギーと神仏のかかわりについては、平雅行『日本中世の社会と仏教』(塙書房、一九九二年)がその「序」において、周到な問題点と研究史の整理を行なっている。

(39) 下出積與「いまひとつの神仏習合」(『講座神道』一、桜楓社、一九九一年)、繁田信一「崇——平安貴族の生活感覚における神仏についての予備的考察」(印度学宗教学会『論集』二一号、一九九四年)など。

(40) 家永三郎『日本思想史に於ける否定の論理の発達』(新泉社、一九七三年)二六頁。

(41) 八重樫直比古「『日本霊異記』における「聖霊」」(『古代の仏教と天皇』翰林書房、一九九四年)。

(42) 日本古典文学大系『沙石集』六一頁。
「我朝ニハ、和光ノ神明マヅ跡ヲ垂テ、人ノ荒キ心ヲ和ゲテ、仏法ヲ信ズル方便トシタマヘリ。本地ノ探キ利益ヲ仰テ、和光ノ近キ方便ヲ信ゼバ、現生ニハ息災安穏ノ望ヲ解、当来ニハ無為常住ノ悟ヲ開クベシ」

第四章

(1) 岩波文庫『万葉集』下、二八九頁。
(2) 同、二八九頁。
(3) たとえば神野志隆光はこの二書を別個の神話として読むべきことを主張する（『古事記——天皇の世界の物語』ＮＨＫブックス、一九九五年）。
(4) 梅沢伊勢三『記紀批判——古事記及び日本書紀の成立に関する研究』（創文社、一九六二年）。
(5) この問題については、水林彪のように、天皇王権を正当化する究極の権威を天照大神ではなく、別天つ神や大物主神などに求める見解もある（『記紀神話と王権の祭り』岩波書店、一九九一年）。
(6) 新訂増補国史大系『続日本後紀』一三八頁。
(7) 新訂増補国史大系『三代実録』前篇、一一四頁。
(8) 斎藤英喜「祟る神と託宣する神」（『日本の神』一、平凡社、一九九五年）。
(9) 西山良平「〈神〉・怨霊・山陵」（『アマテラス神話の変身譜』森話社、一九九六年）。
(10) 新訂増補国史大系『続日本紀』後篇、四八六頁。

「頃者災異荐臻、妖徴並見。仍命亀筮。占求其由。神祇官陰陽寮並言。雖国家恒祀依例奠幣。而天下縞素。吉凶混雑。因茲。伊勢大神。及諸神社。悉皆為祟。如不除凶就吉。恐致聖体不予歟」

(11) 日本古典文学大系『日本書紀』下、一九六頁。
「我が皇祖天照大神、以て其業を助け成さむと欲せるか」

(12) 黒崎輝人「祭れる神と祭れぬ神——記紀祭祀関係記事の再検討」(『江戸川女子短期大学紀要』創刊号、一九八六年)。

(13) 岩波文庫『更級日記』四〇頁。
「いづこにおはします、神仏にかはなど、やうやう思ひわかれて」

(14) 『鎌倉遺文』一五、一一〇九五号。
「若神官僧官等、不致一味同心之沙汰者、日本国土本主天照大神・同御子宗像三所大神宮・織幡大明神・許斐権現部類眷族神五千九百一十九所乃御神罰乎、可蒙連署衆等身中之状、所謂起請文如件」

(15) 同、二〇、一五四八七号。
「若是万一以虚言弁申候者、奉始日本国主天照大神・春日権現幷七堂三宝、当所護法両所権現、住持伽藍神罰冥罰、可罷蒙毎八万四千毛穴候之状如件」

(16) この説話をめぐる研究史と問題点については、伊藤聡「第六天魔王説の成立——特に『中臣祓訓解』の所説を中心として」(『日本文学』四四巻七号、一九九五年)に詳しい。

(17) 伊藤正義「続・熱田の深秘——資料『神祇官』」(『人文研究』三四巻四分冊、一九八二年）所収。

(18) 『大日本仏教全書』一一八、三三一九頁。

(19) 萩原龍夫「伊勢神道の発展と祭祀組織」（『中世祭祀組織の研究』吉川弘文館、一九七五年）。

(20) 新田一郎「虚言ヲ仰ラル、神」（『列島の文化史』六、日本エディタースクール出版部、一九八九年）。

(21) 高橋美由紀「伊勢神道の成立とその時代」（『伊勢神道の成立と展開』大明堂、一九九四年）。

(22) 「大中臣実長訴状写」（『鎌倉遺文』三三、二五七五七号）。

(23) 「藤原信直奉田地寄進状」（同、三七、二八七一一号）。

(24) 「八幡新田宮所司神官等起請文案」（同、六、三九六九号）。

(25) 『渓嵐拾葉集』（『大正新修大蔵経』七六、五二八頁）。

(26) 『鎌倉遺文』二、七一二号。

「凡吾朝六十余州ハ、雖為立針之地、伊勢太神宮の御領ならぬ所あるへからす」

(27) 同、一一九、二三五五三号。

「若背此起請文之輩者、梵天・帝釈・四天王・三界諸天・北辰北斗□□宮神・二十八宿・焔魔法王・泰山府君・□命司禄、□□日本国主天照大神・大仏四王・八幡三所・春日権現・熊野□□等、惣六十余州普天率土有勢威力之神祇冥衆、別者、□□堂観自在尊等、蒙毎冥罰神罰於違犯之身八万四千毛穴□□、受白癩黒癩病、家内遇疾疫盗賊之悪難」

(28) 同、三三、二五六六一号。
「若背起請文、於令違犯之輩者、奉始梵天・帝釈・四大天王、三界所有天神地祇、日本国主天照大神・六十余州権実二類大小神祇、殊□□大仏・四王・脇士二尊・八万三所部類眷属、諸神冥衆、二月堂大聖観自在尊等冥罰神罰於、毎違犯輩八万四千毛孔蒙之、現世受諸重病貧苦之報、当来阿鼻城為栖、永不可有出離之期之状如件」

(29) 新訂増補国史大系『吾妻鏡』二、四九五頁。
「万の一にも此の文に違犯せしめば、上は梵天帝釈、下界は伊勢・春日・賀茂、別しては氏神正八幡大菩薩の神罰を、源範頼の身に蒙るべきなり」(「源範頼起請文」)

(30) 『鎌倉遺文』三四、二六七〇七号。
「若自今以後、背此儀、申子細者、奉始上梵天・帝尺・四大天王・日月星宿、下界天照大神、惣ハ日本国中大小神祇冥道、殊東寺鎮守八幡大菩薩、同稲荷大明神、抖伽藍大師三宝神罰冥罰を、百姓等毎身毛穴、可蒙者也」

(31) 日本古典集成『説経集』一二四頁。
「謹上散供再拝再拝。上に梵天帝釈、下には四大天王・閻魔法王・五道の冥官、大じんに泰山府君。下界の地には、伊勢は神明天照大神、外宮が四十末社、内宮が八十末社、両宮合はせて百二十末社の御神、ただ今勧請申し奉る」

(32) 日本思想大系『中世政治社会思想』下、二八三頁。
「再拝々々　起請文事
右元ハ、太良庄公文禅勝幷法橋実円等、非法奸法不忠以下重々罪科十一ヶ条、為一事不実をかまゑ申し候ハヽ、上ハ梵天・帝釈・四大天王ヲ始奉テ、凡日本六十余州大小神祇冥道、殊伊勢天照皇大神・八幡大菩薩・天満大自在神・当国鎮守上下大明神・当庄鎮守三社大明神、別天弘法大師等ノ御罰ヲ、太良荘百姓五十余人、可罷蒙候」
(33) マンダラ本尊に勧請された諸神については、高木豊氏が論じておられる(「鎌倉仏教における〈神〉の観念」『鎌倉仏教史研究』岩波書店、一九八二年)。
(34)『昭和定本日蓮聖人遺文』一、四六七頁。
「天照大神・正八幡宮等は我が国の本主なり」
(35) 同、一、八八二頁。
「この日本国は外道一人もなし。その上神はまた第一天照大神・第二八幡大菩薩・第三は山王等の三千余社昼夜に我が国をまほり、朝夕に国家を見そなわしたまふ」
(36) 同、二、九七六頁。
「わずかの天照大神・正八幡なんどと申すはこの国には重ずけれども、梵釈・日月・四天に対すれば小神ぞかし」
(37) 伊勢神宮における仏教受容をめぐっては、石巻良夫「伊勢神宮祠官の仏教信仰に就て」(『国学院雑誌』二三巻三号・四号、一九一七年)、萩原龍夫「伊勢神宮と仏教」(民間宗教史叢書『伊勢信仰』一、雄山閣出版、一九八五年）などの研究がある。

(38) 高橋美由紀「神道五部書と仏教思想」（『伊勢神道の成立と展開』）。

(39) 久保田収「伊勢神宮の本地」（『日本歴史』二九三号、一九七二年）、伊藤聡「中世神道説における天照大神――特に十一面観音との同体説をめぐって」（『アマテラス神話の変身譜』森話社、一九九六年）。

(40) 『群書類従』二七、五五六頁。

(41) 『続群書類従』三下、七九〇頁。

(42) 久保田収「伊勢神宮の本地」（『日本歴史』二九三号）。

(43) 『群書類従』二七、五〇六―五〇七頁。

「天照大神と申すは遍照如来秘密の神力をもて王法を守り国土をおさめんがために伊勢にてあとをたれたまへり。内宮はこれ胎蔵界。外宮はこれ金剛界。両部の大日なり。五瓶の水をたゝゆるがゆへに五鈴河といふ。五智如来に五瓶五鈴ある事を表す。河のなかに鏡有り。五智のなかの大円鏡智のかゞみなり」

(44) 近藤喜博「伊勢神宮御正躰」（『伊勢信仰』一）、阿部泰郎「神道曼荼羅の構造と象徴世界」（大系仏教と日本人『神と仏』春秋社、一九八五年）。

(45) この問題については、佐藤弘夫「中世の天皇と仏教」（『神・仏・王権の中世』法藏館、一九九八年）で論じている。

(46) 『続群書類従』二下、六九四頁。

(47) 玉懸博之「鎌倉武家政権と政治思想」(『日本中世思想史研究』ぺりかん社、一九九八年)、石毛忠「源頼朝の政治思想——鎌倉幕府の政治思想序説」(『防衛大学校紀要』人文科学分冊、五一輯、一九八五年)、同「北条執権の政治思想」(『日本精神史』ぺりかん社、一九八八年)。

(48) 『国民思想叢書・聖徳篇』所収。

(49) 佐藤進一『南北朝の動乱』(中央公論社、一九六五年)。

(50) 日本古典文学大系『神皇正統記・増鏡』六一頁。

(51) 慈遍の構想した神仏の世界をめぐっては、玉懸博之「中世神道家の歴史思想——慈遍の『救済史』の構想をめぐって」(『季刊日本思想史』三三号、一九八九年)、高橋美由紀「慈遍の神道論——神仏論を中心として」(『日本思想史——その普遍と特殊』ぺりかん社、一九九七年)などの研究を参照。

(52) 上川通夫「中世の即位儀礼と仏教」(『日本史研究』三〇〇号、一九八七年)。

(53) 百瀬今朝雄「元徳元年の「中宮御懐妊」」(『金沢文庫研究』二七四号、一九八五年)。

(54) 網野善彦『異形の王権』(平凡社、一九八六年)。

(55) 黒田日出男「肖像画としての後醍醐天皇」(『王の身体　王の肖像』平凡社、一九九三年)。

(56) 佐藤弘夫「中世の天皇と仏教」(『神・仏・王権の中世』)。

(57) 神仏隔離と神事優先をめぐっては、佐藤真人の一連の研究がある(「平安時代の神仏隔離――『貞観式』の仏法忌避規定をめぐって」『平安時代の神社と祭祀』国書刊行会、一九八六年、など)。
(58) 佐藤弘夫「中世的神国思想の形成」(『神・仏・王権の中世』)。
(59) 河内祥輔「中世における神国の観念」(『日本古代の伝承と東アジア』吉川弘文館、一九九五年)。

第五章

(1) 家永三郎『中世仏教思想史研究』(法藏館、一九四七年)。
(2) 黒田俊雄「中世における顕密体制の展開」(『日本中世の国家と宗教』岩波書店、一九七五年)。
(3) 日本思想大系『鎌倉旧仏教』三一三頁。
「念仏之輩永別神明、不論権化実類、不憚宗廟大社。若恃神明必堕魔界云々。於実類鬼神者置而不論。至権化垂迹者既是大聖也、上代高僧皆以帰敬」
(4) 『鎌倉遺文』五、三二三四号。
「吾朝者神国也、以敬神道、為国之勤、謹討百神之本、無非諸仏之迹(中略)挙世取信、毎人被益、而今専修輩寄事於念仏、永无敬明神、既失国之礼、何无神之咎」
(5) 『群書類従』二七、五〇六頁。
(6) 同、五〇六頁。

「天照太神と申は遍照如来秘密の神力をもて王法を守国土をおさめんがために伊勢にてあとをたれたまへり」
(7)『大日本仏教全書』九七、六〇頁。
(8)新訂増補国史大系『後鏡』四、三一二頁。
(9)『昭和新修法然上人全集』六六〇頁。
「一。念仏を行にしたる物か、物まうては、いかに。答。くるしからす」
(10)同、六〇四頁。
「されは念仏を信して往生をねかふ人、ことさらに悪魔をはらはんために、よろつのほとけかみにいのりをもし、つゝしみをもする事は、なしかはあるへき」
(11)日本思想大系『親鸞』二二六頁。
(12)同、二五七頁。
(13)『定本親鸞聖人全集』二、和讃篇、二一一―二一三頁。
(14)日本思想大系『道元』下、四一八頁。
(15)『昭和定本日蓮聖人遺文』二、一四四八頁。
「神は所従なり、法華経は主君なり」
(16)『定本親鸞聖人全集』二、和讃篇、六一頁。
(17)『昭和定本日蓮聖人遺文』二、一一二七頁。
「日本国中の大小の諸神も、惣じて此法華経を強く信じまいらせて、余念なく一筋に信仰する者をば、影の身にそふが如く守らせ給ひ候也」

(18)『定本親鸞聖人全集』三、書簡篇、一六九頁。

(19)『昭和定本日蓮聖人遺文』一、八一二頁。

「大日如来・阿弥陀如来・薬師如来等尽十方諸仏、我等本師教主釈尊所従等也」

(20)同、一、四四二頁。

「第二巻云、今此三界等云々。此文は日本国六十六箇国嶋二の大地は教主釈尊の本領也。娑婆以如此全非阿弥陀仏領。其中衆生悉是吾子云々。日本国の四十九億九万四千八百二十八人の男女、各有父母といへども、其詮を尋れば教主釈尊の御子也。三千余杜の大小の神祇も釈尊の御子息也。全非阿弥陀仏子也」

(21)同、一、二四六―二四七頁。

「されば法華経をたもつ人をば、釈迦多宝十方の諸仏、梵天帝釈日月四天龍神、日本守護天照太神八幡大菩薩、人の眼をおしむがごとく、諸天の帝釈を敬ふがごとく、母の子を愛するが如く守りおぼしめし給べき事、影の身にしたがふが如くなるべし」

(22)同、一、六四〇頁。

「如是大悪梵釈猶難防歟。何況日本守護小神也。但非地涌千界大菩薩・釈迦・多宝・諸仏之御加護者難叶歟」

(23)同、二、一三四二―一三四三頁。

(24)たとえば、「日興置文」(『鎌倉遺文』三八、二九二五〇号)など。

「於謗法罪者、可蒙釈迦・多宝・十方三世諸仏・日蓮聖人御罰」

(25)『定本親鸞聖人全集』三、和文篇、二二六頁。

「かの極楽世界とこの娑婆世界とのあひだに、十万億の三千世界をへだてたりと、とけり」

(26)同、二、和讃篇、六一―六六頁。

(27)同、三、書簡篇、二五頁。

「『阿弥陀経』には、十方恒沙の諸仏御念すとは申事にて候へ。安楽浄土へ往生してのちはまもりたまふと申ことにては候はず。娑婆世界ゐたるほど御念すと申事也」

(28)同、三、書簡篇、一六九頁。

「もしこのこと慈信にまうしながら、そらごとをもまうしかくして、人にもしらせずしてをしへたることさふらはゞ、三宝を本として、三界の諸天・善神、四海の龍神八部、閻魔王界の神祇冥道の罰を親鸞が身にことごとくかふりさふらふべし」

(29)『昭和定本日蓮聖人遺文』一、三二〇頁。

「釈迦如来は此等衆生には親也、師也、主也。我等衆生のためには阿弥陀仏・薬師仏等は主にてはましませども、親と師とにはましまさず。ひとり三徳をかねて恩ふかき仏は釈迦一仏にかぎりたてまつる」

(30)同、二、一六二三頁。

(31)『定本親鸞聖人全集』四、言行篇、九―一〇頁。

「専修念仏のともがらの、わが弟子ひとの弟子といふ相論のさふらふらんこと、もてのほかの子細なり。親鸞は弟子一人ももたずさふろう。そのゆへは、わがはからひにて、ひとに念仏をまふさせさふらはゞこそ、弟子にてもさふらはめ、弥陀の御もよほしにあづかて念仏まふしさふらうひとを、わが弟子とまふすこと、きわめたる荒涼のことなり」

(32)『昭和定本日蓮聖人遺文』一、二〇九―二一八頁。

(33)同、二一〇―二一一頁。

「必有無量守護国土諸大善神皆悉捨去。既捨離已其国当有種々災禍喪失国位」

「如是不善業悪王悪比丘毀壊我正法損滅天人道。諸天善神王悲愍衆生者棄此濁悪国皆悉向余方」

「一切善神悉捨離之其王教令人不随従。常為隣国之所侵嬈」

(34)日本思想大系『鎌倉旧仏教』三一八頁。

「若邪正雑乱、一切有縁仏法、不相当根機尽、一切根器、不相当有縁仏法竭。依之滅三宝、損国土。善神捨国、悪鬼入国、興三災、廃十善」

(35)佐々木馨『日蓮と立正安国論――その思想史的アプローチ』（評論社、一九七九年）九七頁。

(36)『神道大系』四七、九三頁。

「若吾加氏人乃中爾一人毛愁江歎久事阿良波、吾礼去社天住虚空天、天下仁発種々之災牟」

(37) 新訂増補国史大系『吾妻鏡』一、一二七頁。

(38) 『平安遺文』一、一六四号。
「若国内有如是悪人時、諸仏聖人出国而去、諸天悲泣、善神不護、各自相殺、四方賊起」

(39) 増補史料大成『左経記』二八〇頁。
「十九日奉幣不快、其故者、彼日天下滅亡日也、又百神上天日也」

(40) 山崎誠、小峯和明『安居院唱道資料纂輯』六(国文学研究資料館『調査研究報告』一七号)二一九頁。
「連禍不絶而五箇年、不祥無上而二千日、不知仏神、永棄我国歟」

(41) 『天台宗全書』一九、一五七頁。
「若忘源不通法水者。諸天棄其国而去」

(42) 『天地神祇審鎮要記』訳注四(『大倉山論集』三一輯、一九九二年)。
「当知神冥法味為食。若無法味、何神得力。故正法廃、善神去国、経文分明」

(43) 『続々群書類従』一、一三〇頁。
「災難多起、怨賊競来、衆人違背、不従其主、聖人去処、善神捨国」

(44) 新訂増補国史大系『百錬抄』八〇頁。
「仁和寺辺女夢云。依天下政不法。賀茂大明神棄日本国。可令渡他所給云々」

(45) 日本古典文学大系『古今著聞集』六三頁。

(46) 日本古典文学大系『新古今和歌集』三七七頁。

(47) 増補史料大成『三長記』一一八頁。

「是我朝神不棄我国也」

(48) 日本古典文学大系『沙石集』六九—七〇頁。

(49) 『神道大系』四七、九三頁。

(50) 『群書類従』二、五五頁。

(51) 続日本の絵巻『融通念仏縁起』一一〇頁。

「一切神慮に相叶はむと思はん人は、諸の社壇へ参りても、先づ、本意と思し食す念仏を法楽し奉れば、五衰の霞晴れ、三熱の焔湿り、本覚真如の城に遊び給ふべし」

あとがき

「こんどのご本をもとにして、一般の読者の方も読めるような内容のものを、もう一冊お書きになりませんか」。

法蔵館東京事務所の瀧川紀さんからこんな提案を受けたのは、一昨年（一九九八）の春のことだった。神田の書店の二階にあるカフェテラスの窓の外では、新緑に彩られた梢が日の光を浴びていた。

その年の二月、私は法蔵館から大部の研究書（『神・仏・王権の中世』）を出させていただいた。大きな仕事をまとめた後だけに、今度は楽しく本を書いてみたいという気になっていたこともあり、軽い気持で引き受けることにした。

その後、折りをみては構想を練り、目次を作って、十月に瀧川さんと再び打ち合わせを行なった。気軽な思いで打ち合わせに臨んだ私の思惑とは違って、私の企画書を読む瀧川さんの目は思いのほか真剣だった。意図や内容について、核心をついた鋭い質問が続いた。しまった、と思っても後の祭りである。彼女の前言とは裏腹に、今度の本が前著を一般向けにリライトするなどといった程度のものでは済まないことを悟った。私は気を引き締め、構想を新たにして執筆にとりかかった。できあがった原稿は、結局、タイトルも構想も、当初のイメージとは大幅に異なったものになってしまった。

途中から本書の担当は中嶋廣さんに引き継がれた。中嶋さんからも、原稿を詳細にチェックしていただいた上でさまざまなアドバイスをいただいた。

終わってみれば、気楽に書きたいと思った当初の意図とは正反対に、本書の完成までには苦心に苦心を重ねることになった。原稿枚数からすれば前著の半分にも満たないにもかかわらず、本作りにかけた労力は疑いもなく前著をしのぐものとなった。それだけに、いま校正刷りを前にして、ひときわ感慨深いものがある。

この本では、興味をもった方どなたにでも読んでいただけるように、さまざまな工夫を凝らしてある。引用史料は基本的には現代語に改め、原文は註と一緒に末尾に収めた。原文が漢文であるものも、そのことが論証に不可欠である場合以外、読み下しになっている入手しやすいテキストをあげてある。

だが、内容的にはいささかも読者に迎合していない。本書は概説書ではなく、あくまで専門の研究書である。最新の問題意識に基づく最先端の研究を、いかに多くの人々と共有できるか、といった試みとして本書は書かれている。

先にも述べたが、本書は瀧川さんと中嶋さんのお力添えとご苦労なくしては、とうてい日の目をみることがなかったものである。とりわけ最初にご担当いただいた瀧川さんにはお世話になった。

思い返せば、瀧川さんとは、シリーズ『日本の仏教』（第Ⅰ期六冊・第Ⅱ期三冊）創刊以来の長いお付き合いになる。はじめ、どこかしら少女の雰囲気を残していた瀧川さんは、いまや私など掌《てのひら》の上で動かされるような凄腕の編集者となった。昨年から体調を崩して休職されているが、ぜひまたご一緒に、さらに挑発的で魅力的な本作りに挑戦したいと願っている。

なお最後に、本書において、私の個人的な回想にかかわる記述は必ずしもすべてが事実に基づくものではないことを申し添えておきたい。

佐藤弘夫

平成十二年一月二十七日

解説

佐藤弘夫

1

このたび、わたしの著書である『アマテラスの変貌』（法藏館、二〇〇〇）が、新たに誕生した法藏館文庫の一冊として復刊されることになった。忘れられかけていた本に再び照明があてられることはとても嬉しい出来事であり、まずは率直に喜びたいと思う。

それにしても、二〇年も前の本をなぜいま刊行しなければならないのか。自著が復刊するにあたってこれまでも必ず行なっていることであるが、出版社の事情とは別に、著者としてその意義を説明する責任があると考えている。本書に関わる研究史を振り返りながら、わたしがこの本を執筆するにあたってそこに込めた狙いと、アカデミズムの世界で本書が担った客観的役割について論じてみたい。

わたしが大学院を修了し、研究者として道を歩み始めた一九七〇年代は、日本の宗教史の分野でいえば鎌倉仏教研究が全盛を極めていた時代だった。一九七九年の夏に、中尾堯先生のお宅をお借りして初合宿を行ない、中尾先生をリーダーとして今井雅晴、佐々木馨、平雅行各氏と旗揚げした研究会も当然のことのように「鎌倉仏教研究会」という名称となった。しかし、いまの時点から振り返ってみて初めてわかることだが、その足元では「鎌倉仏教」の崩壊がすでに始まっていたのである。

この問題を論じるためには、話をいったん一九四五年八月のポツダム宣言受諾にまで戻さなければならない。このときをもって、日中戦争・太平洋戦争と続いた長い戦時体制は終わりを告げた。戦争の狂気から醒めた人々が改めて目にする光景は焦土と化した国土であり、戦闘に巻き込まれて死亡した国内外の膨大な数の犠牲者たちであった。軍部の独走にブレーキをかけることのできないまま、こうした悲惨な結末を招いた原因は一体何か——多くの人々がこう自問した。

この疑問に答えようとしたのが、丸山真男や大塚久雄に代表されるいわゆる「近代主義」のグループである。彼らは日本を無謀な戦争に駆り立てた根本要因を、一見近代化したように見える社会が抱え込んでいた前近代的性格（封建遺制）にあると考えた。それを抉り出し、彼らが理想化した西欧の民主主義国家に一歩でも近づけていくことが戦後日本における最重要の課題と信じ、「封建遺制の克服」を合言葉にしてその作業に取り組んでいくのである。

同時に、彼らは借り物ではない真の近代化を実現していくために、過去の日本列島の知的世界に自生する進歩的要素と合理的思惟を発掘することによって、日本人がみずからが社会を改革しうる潜在能力をもっていることを証明しようとした。丸山が江戸時代の古学派の思想に、国家や社会秩序の人為的改変を肯定する近代的思惟の萌芽を見出したのはその代表的な例である。

過去の歴史における近代的要素の探索の結果、着目されるに至ったもう一つの事例が「鎌倉仏教」だった。家永三郎や井上光貞といった仏教史プロパーの研究者だけでなく、丸山真男などの進歩的知識人によって鎌倉仏教が注目され、戦後民主主義の理想とつながるその「民衆性」に光があてられていった。そこでも評価の基準となったものは、近代的な要素をどれだけ有しているかという点だった。

そこでいう「近代」が西欧のそれを理念型とするものであるゆえに、鎌倉仏教のなかにいかに西欧に類似したものを発見していくかが最重要の課題となった。合理主義的立場からの呪術の克服や個人の内面的な信仰世界の確立、男女平等の思想や民衆性などが思想評価の指標とされ、それらの要素をもっとも強くもつ親鸞が鎌倉仏教の最高峰に位置づけられた。鎌倉仏教は、「近代化」というコンテクストのなかで解釈され、評価されたのである。

2

近代になって西欧で生み出されてきた思想や哲学は、人間の理性に信頼を置き、人類と社会の際限なき進化を前提とする立場をとってきた。歴史観もその例外ではない。近代の歴史観は基本的に進歩史観の立場をとり、到達すべきユートピアを未来に設定した。しかし、文明開化以来語り継がれてきた進歩と成長の神話は、一九七〇年代を転機として徐々に神通力を低下させる。モダンからポストモダンへの時代思潮の移行がはじまるのである。

モダンの終焉は、神の眼からみた大きな物語の終焉にほかならなかった。歴史学の世界では人類の進歩を説く近代史観がその存在基盤を失った。歴史発展の「法則」が仰々しく語られることがなくなり、「国家」が歴史の語りの主役から脱落した。国家を射程に収めた研究であっても、そのキーワードは「支配」ではなく「統合」だった。一国単位で支配のメカニズムを解明しようとする方向性は影を潜め、世界的なネットワークのなかで国民国家の誕生が論じられるようになるのである。

社会構成史や社会経済史に代わって、一九七〇年代から新たに歴史学の花形として登場するのが社会史である。そこでは歴史の発展法則や国家支配といった大仰な議論とは関わりのない庶民の日常生活の些細な部分に照明があてられ、各時代の生活空間を満たしていた色彩や音や匂いが多彩な史料を駆使して再現されていった。

近代化という語りのなかで鎌倉仏教を評価する戦後の鎌倉仏教論にとって、こうしたアカデミズムの思潮の変化が提起する問題はきわめて深刻だった。鎌倉仏教研究が全盛を謳歌しているときに、その土台そのものが崩落の危機に瀕していたのである。

そうした状況のなかで、古典的な鎌倉仏教論にとどめを刺す役割を果たしたのが、黒田俊雄氏による「顕密体制論」（「中世における顕密体制の展開」『日本中世の国家と宗教』岩波書店、一九七五）の提唱だった。黒田氏はこの論考で、中世社会に占める顕密仏教（伝統仏教）の圧倒的な存在感と国家との緊密な連携ぶりを強調し、それを中世仏教の「正統」と規定した。他方、それまで中世仏教を代表するものと信じられてきた鎌倉新仏教を、それに対する「異端」と位置づけた。

黒田氏は宗教が社会のあらゆる分野を覆いすべてに優越する、濃厚な神秘主義の世界として中世を描き出した。黒田氏のいう顕密仏教はそこにおいて、荘園制支配を正当化する宗教イデオロギーとしての役割を担った。民衆を心身ともに絡めとる呪詛を行ない、その有効性を支える壮大な法会や修法の体系を創り出した。黒田氏が指摘したのは、国家支配に果たす顕密仏教のもつこうしたマジカルなパワーの重要性だった。

黒田氏の顕密体制論の意義は、単にそれまで看過されてきた伝統仏教に光をあてたことにあるのではない。中世仏教を近代につながるその先進性において評価するか、近代合理主義とは無縁の神秘と呪術の世界として理解するかという、研究の視座そのものの根本的な違いがあったのである。ただし実現するには至らなかったが、黒田氏の最終的な構想は呪術性に満ちた顕密仏教を背景として、親鸞のもつ進歩性を浮き彫りにすることにあったとわたしは考えている（佐藤弘夫「黒田俊雄――マルクス主義史学におけるカミの発見」『戦後歴史学と日本仏教』法藏館、二〇一六）。その点ではマルクス主義史学に立脚する黒田氏もまた、戦後歴史学の潮流に棹差した研究者だった。

折しもポストモダン思潮のなかで、「進歩」や「民衆」という言葉が輝きを失い始めたときである。伝統仏教の存在感を強調する顕密体制論の提起は、中世仏教を民衆性において評価する鎌倉仏教論の息の根を止める結果となった。顕密体制論は進化と理性を尺度として仏教を評価することに飽き足らないポストモダンの気分にある多くの研究者を魅了し、顕密仏教の土台にある情念と非合理の世界へと導いていった。新仏教に代わって、生々しい神秘性を湛えた密教や言説化できない体験を重んじる修験、諸信仰が入り混じった神仏習合など、合理性を超えた精神世界が魅力あるテーマとして国内外の研究者の関心を引きつけるようになるのである。

3

一九八〇年代の学界を襲った潮流の劇的な変化を、わたしはリアルタイムで目撃することになった。その変貌のスピードは驚くべきものがあった。鎌倉仏教は顕密仏教にその主役の座を譲り、密教や中世神話などそれまで光があたらなかった世界で資料の発掘が急ピッチで進んだ。多様な研究分野で基礎研究は着実に厚みを増していくのである。

しかし、それは他方で別の問題を生み出した。研究の個別分散化に伴う統一的な視点の喪失と、学問的な議論の退潮である。現地調査によって次々と新たな興味深い文献や人物が発掘され、紹介がなされても、それをトータルな視点からどのように位置づけていくかという着地点が、容易にみえてこないのである。

従来の鎌倉仏教研究は、その背後にあった歴史観そのものが意味を失ったため、もはや学問的な座標軸としての役割を果たすことは不可能だった。それに代わるものとして、わたし自身大きな影響を受けていた黒田俊雄氏の顕密体制論があったが、ポストモダンの風潮が強まるなかで、その理論はあまりにもイデオロギー性が突出しているように感じられた。

私見によれば黒田氏が提起した国家論の重要性は、国家の存立と支配に果たす超越的存在（カミ）の役割を的確に認識し、それを歴史の構想に組み込んだことにある。中世社会は社会のシステムの隅々にまで宗教の浸透していた時代だった。支配—被支配関係や身分関係も、すべて宗教的な外被をまとって現出していた。顕密仏教はそうした社会秩序を維持する上で、不可欠の役割を担っていた。支配が宗教的な形態をとって現れる社会では、それに対する不満や批判も、宗教的反抗の装いをもって登場することになった。

黒田氏が切り開いた新たな地平を高く評価しながらも、わたしが違和感を覚えたのは、前近代社会における神仏世界の構造とその機能に対する彼の理解の平板さであり、一面性だった。当時、日本史学の世界では神仏のイデオロギー的な機能に着目する研究が全盛をきわめていた。しかし、その多くは「神仏の権威の利用」という一言でその問題を片づけ、中世人がいだいていた神仏のリアリティの深層にまでは踏み込むことはなかった。重層的で錯綜した神仏世界のリアルな実態とその構造を明らかにすることなしには、中世の民衆が直面していたイデオロギー的呪縛の生々しさを再現することが不可能であるという認識が、わたしの基本的な立場だった。

中世人にとって世界や社会の構成員は人間だけではなかった。むしろ仏や神や死者がより重要な役割を担うと信じられていた。さらに中世では、性格と機能を異にする複数の仏神が共存していた。それが「仏土」の観念の多様性を生み出し、その多様性が支配と抵抗、双方の精神的な拠り所となりえた原因であった（佐藤弘夫「中世仏教における仏土と王土」

『日本史研究』二四六、一九八三。『神・仏・王権の中世』法藏館、一九九八に再録)。

中世ではあらゆる主張は神仏の回路を経由して発せられ、自然災害から人の振舞に至るまで、すべての現象がカミの意思と関連づけて説明された。そのことを考慮すれば、私たちが中世の思想を考えるにあたってまず解明すべきものは、一切の事象を神仏の問題へと還元する中世人特有の思考回路と、それを規定する神仏のコスモロジーでなければならない。

だが、神仏の意義を力説したにもかかわらず、黒田氏の研究における中世的世界観の理解はいたって平板であり、彼に先行するイデオロギー研究者と大差はない。顕密仏教による呪縛の問題にしても、そこで取り上げられる神仏は地域に鎮座する個々の仏像・神祇のレベルに留まっており、中世社会において圧倒的な存在感をもっていたはずの阿弥陀仏や大日如来などの普遍的な救済神の役割に論及されることはなかった。そのため国家イデオロギーとしての顕密仏教を論じながらも、支配イデオロギーとして具体的に機能した事例は、個別の荘園における呪縛の論理に止まってしまっている。法会などの果たす役割の重要性の指摘はあるものの、実際の論証では国家イデオロギーと荘園支配イデオロギーをつなぐ輪が欠け落ちているのである。

そうしたことを考えていたまさにそのとき、わたしは黒田氏から、それまでの自身の研究を全面否定するような厳しい批判を受けることになった（黒田俊雄「序説　顕密体制論と日本宗教史論」『日本中世の社会と宗教』岩波書店、一九九〇）。この批判そのものは反論にすら値しないものであったが、わたしにとっては自身の体臭と一体化していた顕密体制論をいったん対象化する上で、絶好の機会となった。わたしはまだ漠然とではあったが、中世の宗教史をトータルに把握できる視座と方法をみずからの目と足で探索し始めるのである。

4

一九九〇年代の前半は、わたしにとって新しい導きの光を求めて史料に沈潜した時代だった。それまでの仏教史や思想史の研究で用いる史料が頂点的思想家の体系的な著作に偏っており、それが研究の脆弱さを生み出したという認識をもっていたわたしは、文書や起請文などの非個性的な史料を努めて対象にするように心がけた。

史料と格闘するなかでまず気づいたのは、中世人の日常生活のレベルでは、神と仏がその機能面でほとんど区別されていないという事実だった。たとえば起請文に勧請される神仏のなかで、圧倒的に数が多いのは日本の神である。そうしたなかに、少数ではあるものの、仏の名前を見出すことができる。もっとも頻繁に登場するのが、東大寺の大仏である。石山寺や長谷寺の観音なども起請文の常連だった。起請文の罰文では、誓約を破ったときに罰を与える存在として、これらの神と仏がまったく同列に勧請されているのである。

それだけであれば、あまりにも常識的なことで、だれもあえて口にしないだけだ、といわれるかもしれない。しかし、わたしが不思議に思ったのは、起請文に決して名をみせることのない一群の仏たちがいたことである。極楽浄土の阿弥陀仏は絶対に登場することはなかった。密厳浄土の大日如来もそうだった。

起請文に登場するものとしないもの、これら二つの仏のグループを隔てるものは、いったいなんだったのであろうか。この問題を考え続けるうちにふと閃いたのは、起請文の仏がいずれも目にみえる姿をとってこの現実世界に存在しているという事実だった。つまり、みな「像」なのである。

日本の中世は、死後に極楽浄土の阿弥陀仏のもとに往生することを目指す浄土信仰がきわめて盛んな時期だった。しかし、起請文には極楽浄土の阿弥陀仏といった、わたしたちが直接五感によって認知できない存在、目に見えない存在は絶対に勧請されなかった。そこに出てくるのは、その視線を生々しく感じ取れるこの現実世界の仏＝仏像に限られていたのである。

これはいったい何を意味するのであろうか。わたしがたどり着いた結論は、中世には〈この世の仏〉（東大寺の大仏など）と〈あの世の仏〉（極楽世界の阿弥陀仏など）という、厳密に区分された二種類の仏が存在したというものだった。そして、日本の神と席を同じくして起請文に勧請されるのは、〈この世の仏〉に限られていた。つまり、中世人は神仏の世界（冥界）を、〈あの世の仏〉と〈この世の神仏〉という二つのグループに分けて捉えていたのである。

わたしたち現代人は冥界を区分する際に、しばしば神と仏の間に線を引く。けれども中世では違っていた。中世人は「神」と「仏」の間にではなく、〈あの世の仏〉と〈この世の神仏〉の間にもっとも太い線を引いていた。別のいい方をすれば、中世という時代は、現代的な意味での神―仏という区分の通用しない時代だったのである。

これはきわめて重要な問題を含んでいる。前近代の宗教世界にアプローチする方法として、「神仏習合」というよく知られた概念がある。日本に仏教が伝来して以来、外来の仏と土着の神がいかなる過程を経て関係を深めていったかを明らかにしようとする方法論である。しかし、かつての日本に神―仏という区分そのものが成り立たない時代があったとすれば、神―仏の二分法を前提とし、両者の接近と離反の距離を測定しようとする「神仏習合」研究は、その意義を根底から問われることになるであろう。さらに前近代の日本列島には、神―仏の二元論の範疇ではカバーできない、「天皇霊」など境界のカミが数多く存在していたのである。

わたしは改めて、前近代の宗教世界に足を踏み入れようとする際には、冥界を神と仏に代表させ、さらにその両者を峻別する現代人としての先入観を捨てて、そのコスモロジーを総合的に解明しうる新たな方法と視座を追究していく必要があることを痛感した。神仏の混沌とした世界を探る有効な方法と考えられていた「神仏習合」論そのものが、神・仏を冥界の特権的存在とみなす近代的な眼差しを背景としたものだったのである。

折しも、末木文美士氏からお声がけいただき、法藏館のご支援をえて、大久保良峻、林淳、松尾剛次各氏とともに「日本仏教研究会」を旗揚げするという出来事があった（一九九二）。この研究会では毎年定例の研究集会を開催するとともに、毎号同人の一人が責任編集者となった『日本の仏教』（第一期六冊、第二期三冊）が刊行された。問題意識も方法も異にする五人が集まっての編集会議はいつも議論が盛り上がり、それは終了後の飲み会にまで持ち越された。

この研究会はわたし自身にとって、それまで温めてきた構想を実現するための絶好の孵卵器となった。そこから生み出された成果が、「怒る神と救う神——神仏交渉史研究への一視点」（『日本の仏教』三、一九九五。『神・仏・王権の中世』法藏館、一九九八に再録）だった。この論文こそが『アマテラスの変貌』の構想の骨格をなすものであり、現在に至るまでのわたしの研究の方向性を規定することになるのである。

5

わたしたちは「世界」「社会」、あるいは「共同体」という言葉を聞いたとき、その構成者として何を思い浮かべるであろうか。当然のことながら人間であろう。しかし、現代人がだれ一人疑問を持つことのないこの常識は、前近代の社会まで遡った場合、まったく通用しないものだった。

たとえば、わたしたちは都市というと、人間が集住する場所というイメージをもっている。しかし、実際に古今東西の史跡に足を運んでみると、街の中心を占めているのは神仏や死者のための施設である。中世ヨーロッパでは、都市は教会を中心に建設され、教会には墓地が併設されていた。日本でも、寺社が都市の公共空間の枢要に位置していた時代が長く続いた。縄文時代には、死者は集落中央の広場に埋葬された。

前近代の人々の認識では、この世界の構成者は人間だけではなかった。そこでは神仏といった超越者や死者が圧倒的な存在感をもっていた。動物や植物も世界を構成する仲間たちだった。それらが人間と共存しながら、一つの世界を形作っていると信じられていた。中世以前の時代にまで遡れば、社会をもっとも根源的なレベルで突き動かしているのは人間ではなく、神仏の意志だったのである。

かつて人々は神仏や死者を大切な仲間として扱い、そのために都市と社会のもっとも重要な領域を提供した。目に見えぬものに対する強いリアリティが共同体のあり方を規定していた。過去の遺跡を歩いていると、近代が日常の生活空間から人間以外の存在を放逐してしまった時代であることを、改めて実感させられる。近代では共同体を構成するのも、歴史を動かす主体も、すべて人間なのである。

もしこうした見方が承認されるのであれば、わたしたちが前近代の国家や社会を考察しようとする場合、その構成要素として人間を視野に入れるだけでは不十分である。人を主役とする従来のヨーロッパ中心の「公共圏」に関わる議論を超えて、人間と人間を超える存在が、いかなる関係をたもちながら公共空間を作り上げているかを明らかにできるかどうかが重要なポイントとなる。これまでの歴史学の主流をなしていた人間による「神仏の利用」という視点を超えて、人間とカミが密接に関わり合って共存する前近代世界のコスモロジーの奥深くに垂鉛を下ろし、その構造に光を当てていくことが求められているのである。

本書は「アマテラスの変貌」というそのタイトルから、しばしば天皇家の祖先神である天照大神の歴史的変貌の実態を明らかにすることを目的としたものと受け止められてきた。このような形で理解していただくことはもちろん誤りではないが、わたし自身の意図としては、本書の最終的な目的が方法としてのコスモロジー論の構築にあったことを改めて強調しておきたい。

それは日本列島の混沌とした宗教世界に踏み込むにあたっての、方法に関するわたしの問題意識と深く関わっている。列島固有の「神」と外来の「仏」という枠組みを前提とする「神仏習合」という方法に固執する限り、最終的な結論が日本の特殊性の確認を超えることは困難である。問題は、それをいかにして他地域と比較可能な、より学問的な普遍性を備えたフォーマットへと転換していくかである。本書はいかに不十分であり不完全ではあっても、借り物ではないわたし自身の視座からこの課題を追究したものであり、基本的な問題意識は今日に至るまで変わっていない。

本書の再刊を機として、今後の宗教史研究の方向性を視野に入れ、読者の皆様とその背景にある方法論の問題にまで踏み込んだ議論ができればたいへん嬉しく思う。

佐藤弘夫（さとう・ひろお）
1953年生まれ。東北大学大学院文学研究科博士前期課程修了。東北大学大学院文学研究科教授。博士（文学）。専門は、日本思想史。主な著書に『神・仏・王権の中世』（法藏館）、『「神国」日本』（講談社学術文庫）、『死者の花嫁』（幻戯書房）などがある。

アマテラスの変貌《へんぼう》
中世神仏交渉史《ちゅうせいしんぶつこうしょうし》の視座《しざ》

二〇二〇年　一月一五日　初版第一刷発行

著　者　佐藤弘夫
発行者　西村明高
発行所　株式会社法藏館
京都市下京区正面通烏丸東入
郵便番号　六〇〇-八一五三
電話　〇七五-三四三-〇〇三〇（編集）
〇七五-三四三-五六五六（営業）

装幀者　熊谷博人
印刷・製本　中村印刷株式会社

ISBN 978-4-8318-2604-6 C1121